JN038830

中学受験で大好きな学校に入ろう

井上修
Inoue Osamu

ちくま新書

1764

中学受験で大好きな学校に入ろう【目次】

序章

入りたい中学、入るべき中学、そして入ってしまった中学

†入りたい学校の現実

いまや首都圏では中高一貫校への進学は普通の出来事である。東京では二〇二三年現在で三割以上の子どもが中学受験をしている。二〇二三年秋の公開模試の状況から見ても、二〇二四年入試でも中学受験の人気は持続しそうな気配が強くなっている。おそらく現在の高い中学受験率が下がることは少なくともないだろう。ただし、冒頭から腰を折るようで恐縮だが、みんなが第一希望の中高一貫校に入れるとは限らない。というより、むしろ第一志望校に合格し、進学できる方が少数派だ。

たとえば、二〇二三年の受験データを見ると、開成中学校・高等学校（東京・荒川区）の定員は三〇〇名、対して応募者は一二八九名、受験者は一一九三名。初回合格者は少し多めに出して四一九名なので、実質倍率は二・八倍だった。差し引き七七四名は受験したが入学する機会を得ることができなかったということになる。

ほとんどの受験生は、開成の入試日（二月一日）以前に千葉・埼玉で合格を確保していたか、その後の日程で併願を組んだかのどちらかである。首都圏における中学受験の平均併願校数は、日能研調べによれば五・一校。つまり、第一志望校以外に四つの併願校を受験生は用意しているのだ。確実に第一志望校に合格するかどうかはわからないのだから、併願校探しのほうがむしろ重要であるともいえる。

そして、ほとんどの生徒が進学する併願校は、たとえ内心不本意であったとしても縁あって入学したのだから、大好きになることがとても望ましい。筆者が所属する日能研では、中学受験の心得として「毎日が第一志望校」というスローガンを掲げている。その内容は本書を読んでいただきたいのだが、まず冒頭では、いくつかのポイントをあげておく。

†子どもが入るべき学校を見誤る親

志望校の探し方については第六章で詳しく記すが、最も大事なのは「子どもが中高六年間、その学校で過ごすこと」をよく考えて欲しいということだ。たんに偏差値が高い、話題になっている、便利な場所だから……など、子どもの成長と直接関係ない要因から併願校を決めると、あまり幸せな結果にならない場合が多い。

もちろん、偏差値の高さを基準にするといってもおのずと範囲は決まってくるが、その数字ばかりに目を奪われないことが大事だ。「難易度が低いから価値も低い」と考えるのは断じて大間違い。難易度は競合する私学、その他の状況で大きく変動するものなので、

「高い偏差値イコール学校の価値」では絶対にないのだ。

国際理解教育を標榜し、駅近くに立地する私学は人気が高まる傾向にある（こういう中高一貫校はほとんど共学校。筆者は「駅前国際共学系」と呼んでいる）が、往々にして社交的な生徒が多い、マイペースでのんびり気味のうちの子どもには向いていなかった……という声を、いくどとなく耳にした。そういう学校で、我が子が自己肯定感を培いつつ、じっくりと育つかどうか、よく考えてから志望して欲しい。華やかな六年間で、子どものコミュニケーション力を鍛えるのだと語った親御さんもいたが、学校によっては途中退学が多い場合もある。

小学校五年生以降、比較的遅く中学受験準備を開始した受験生家族は、「男子校・女子校はよくわからないから」という理由で、最初から共学校だけを候補としていることがある。交通アクセスがよく、校舎やエントランスホールなどの設備がそこそこ綺麗で、さらに宣伝の上手な私学に惹かれがちである。一見入念に、志望校を調べているようで、じつは「憧れ」が勝っていることが多く、入学後に「こんなはずでは……」と後悔している姿を目にしたことは少なくない。男女別学については第四章をはじめ、本書ではその良さを具体的な校名を事例として紹介しているので、ぜひ男子校、女子校も志望校の候補に入れていただきたい。

†「入ってしまった学校」で、いいのか？

本書の読者にはすでに中学受験を終えた保護者もいると思う。その中には、すでにあげたような理由から志望校選びに失敗し、たまたま合格が出てしまい、その時の流れで、たまたま入学してしまったというご家族がいるかもしれない。または、第一志望に入学できたのに、失敗だったのではないかと考えていることもある。そのような場合、どうするか。以下に代表的な四つの悩みを記す。

来年、再来年の受験に備えている保護者にとっても、知っておいて無駄ではないはずだ。

①学習スピード

入学してみたら、学習スピードが速すぎて面食らうということがある。中学受験の難易度に比べて難関大学進学率を誇る私学でわりと聞く。受験するにあたり学習内容をよく吟味した保護者でも、いや調べていたからこそ、予想以上の状況にとまどうのである。親も子どもも、中学入試の緊張から解放されて弛緩した状態で入学しているということが、その根本的な原因だろう。

ここでよくない対応は、塾や家庭教師など、学校以外に頼ってしまうことだ。よく考えて欲しい。その入試をクリアして入学できているのだから、本来はその速さについていけるはずである。合格ラインよりずいぶん高い得点で入学する受験生もいるが、それはごく少数のケースだ。

「ギリギリで入ると入学後についていけない」という人もいるが、これはない。中学入試の場合、ほとんどはボーダー付近に受験者層のボリュームゾーンがあり、ギリギリの合格だったとしても、多くの生徒とは入学時にそんなに大差ない。

ゆえに落ち着いて、一日の学習時間の見直しで対応したい。それでも厳しければ、臆せず担任に聞いてみよう。一学期頑張ってついていけば、大体平気になる。また、意外と通学のストレスや他のことで、学習がおろそかになっている可能性もある。総合的に見直してみよう。

多数派ではないが、中学段階から特進などのコース制をとる学校もある。「入ってしまった」と感じる生徒には、普通クラスに入学したことで劣等感を抱く子どももいるが、子ども以上に保護者がくよくよと考えていることが多い。

しかしクラス分けなど、あくまでも発達の一段階の評価に過ぎない。恒久的なものではなく、さらに人物評価でも何でもないのだから、少なくとも保護者は、子どもを励ましてほしい。

じつは学校サイドも、そうした生徒の自己肯定感を高めようとしていることが多い。ただコース制は子どもの「やる気問題」に直結するので、筆者は根本的に成績順のコース制には反対である（詳しくは第四章で記す）。

†タイプが合わない学校

②校風があわない

もともと社交的な子なのに、じっくりマイペースな校風の私学に入ってしまうことがある。逆にマイペースなのに、元気な生徒たちばかりの私学に入ってしまうこともある。そのような場合はどうだろうか。例外も少なくないが、全体的な傾向としては、マイペースな中高一貫校は小規模校、元気な生徒が多いのは大規模校であることが多い。

まず、校風が子どもに合っていないと感じたとしても、校風どおりの生徒しかいないということはありえない。同級生と交流を進めていくうちに、心の通い合う友達はできる。

ここで大事なのは、保護者があせらないことだ。仲間と交流するうちに、子ども自体の対人コミュニケーション能力も変化していく。私学には、入学後の生徒同士の交流を促すようオリエンテーションに力を入れたり、頻繁に席替えをする学校もある。私学は比較的、いじめや人間関係のトラブルへの配慮も行き届いている。

③内進生とうまくいかない

併設小学校がある場合、内進してきた生徒とうまく行かないと「思う」こともある。「思う」とカッコでくくったのは、中学から入ってきた生徒がそう思っているだけで、じつは内進生もうまくやれるかドキドキしていることがほとんどだから。たいてい一学期が終わる頃には仲良くなっている。

保護者の付き合いを気にする向きもあるが、内進生と外進生の保護者は入学当初は別グループとなっているので付き合いの心配はない。ただし生徒よりは時間がかかるが、筆者が見たところ、保護者も中高六年間のうちに徐々に一体化していく。

④入りたいクラブがない

クラブ活動は、非認知スキル（協働性、自己肯定感、やり遂げる力）などの育成にとても大切だ。しかし、入学した学校の中に入りたいクラブがない場合は無理して入らなくてもよいだろう。

ただ学校によっては、半ば強制的に入部を勧めるケースがある（私立では少数だが）。そのような学校にも、ゆるいクラブはあるので、とりあえずそこに入っておくという方法もある（そんなに数は多くはないが、ゆるい体育系もある）。

よく調べれば、部の名前と異なる活動をしているクラブもあるだろう。たとえば、文芸部と名乗っていても、ただ放課後集まって話しているだけとか、科学部といっても、ゲーム好きが集まって、その話だけをしたりパソコンでゲームをしているだけということがある。

学校時間の多くを過ごす教室の中に話が合う友達がいない場合でも、学校内の別の場所のグループに所属することで、居場所を確保できる。

†学校は多面的

部活動以外だと、図書委員や文化祭実行委員会など、生徒会活動も考えられる。部活や委員会の利点は、同級生だけではなく、上級生、下級生とも交流できることだろう。学年を超えたところに心の通じる仲間が見つかるということがあるのだ。

知り合う場所は、自分の教室とは限らず、部室だったり、美術室だったり、または図書室だったりする。そこには話のわかる仲間がいたり、美術室には話しやすい美術の先生がいたり、図書室には静かに微笑んでくれる司書の先生がいたりする。

いまどきは、小さなグループに固執《こしゅう》せず、複数の集団に所属しておくというのもいい。学校とは複数の人の交わりのある場所である。片方の集団でうまくいかなくなっても、もう一方があるとすれば、心の安定につながる。

結局のところ、どんなに評判が良い中高一貫校に入ったとしても、学校にいる全員と意見が合うわけはなく、教職員全員と相性が良いことなどはあり得ない。集団というのはそういうものだ。だから、志望校の説明会などで「うちの学校は全員仲良しです」というのは、間違いなく「建前」だ。

ある難関校の校長は「損得を抜きにしてつきあえるのが中高時代の友達」と表現した。まさに生涯の友達（ソウルメイト）だが、社会に出たらソウルメイトはそう簡単に見つからないのだ。

どのような学校でも、気の合う友達は必ず見つかる。すぐには見つからないかもしれないが、経験上、一年か二年の間には見つかる。時間をかけると自分にとって居心地の良い場所は見つかる。そう考えて、無理せず、あせらず、じっくりいこう。

では、以下の章で「入るべき中高一貫校」とはどういう学校か具体例を挙げながら、中学受験の今後について解説していこう。

私学、中学受験に関する本書での見解は、すべて筆者のものです。また、本書に登場するデータは日能研調べもしくは『進学レーダー』調べです。

第一章

中学受験、これまでとこれから

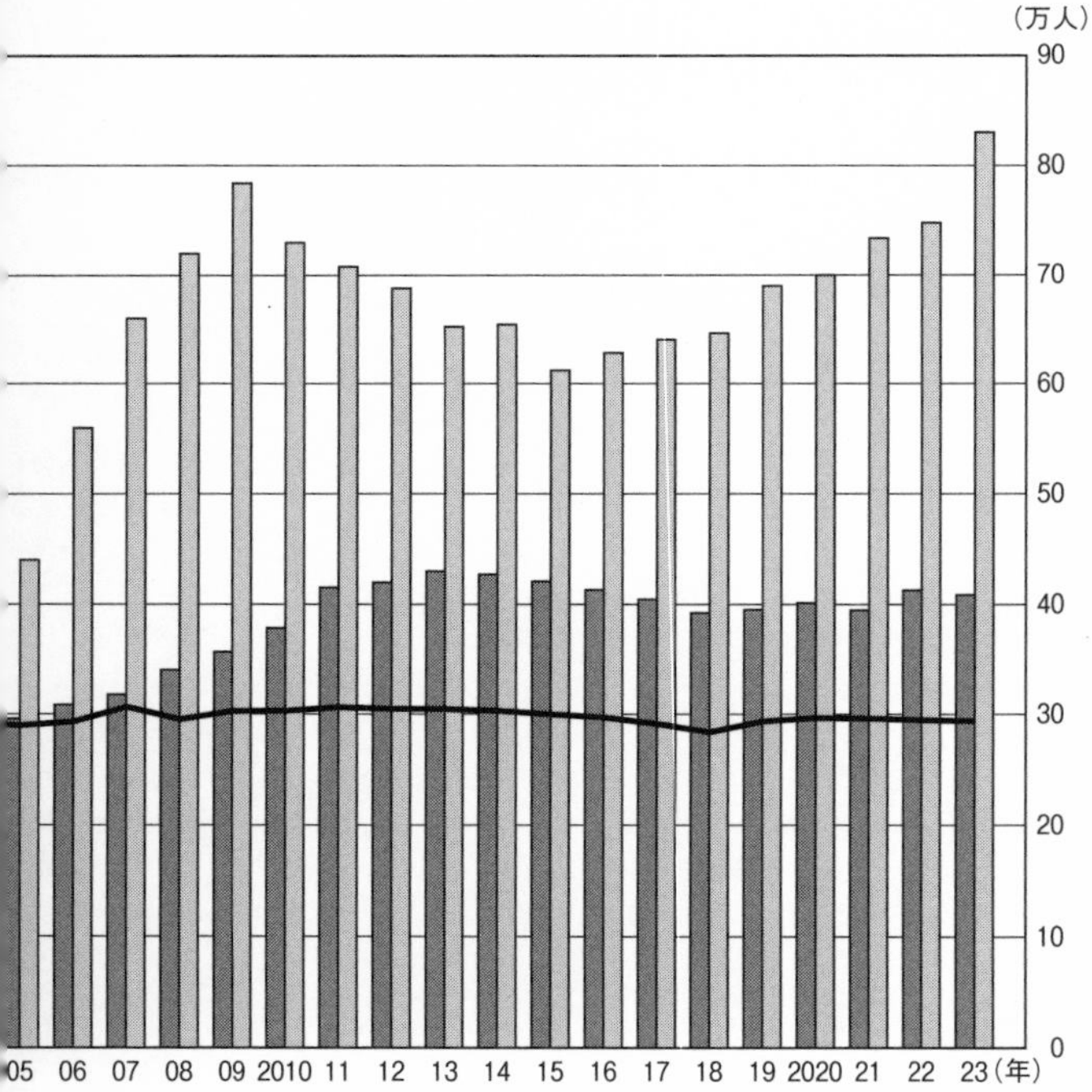

(万人)
90
80
70
60
50
40
30
20
10
0
05 06 07 08 09 2010 11 12 13 14 15 16 17 18 19 2020 21 22 23 (年)

首都圏中学入試状況推移

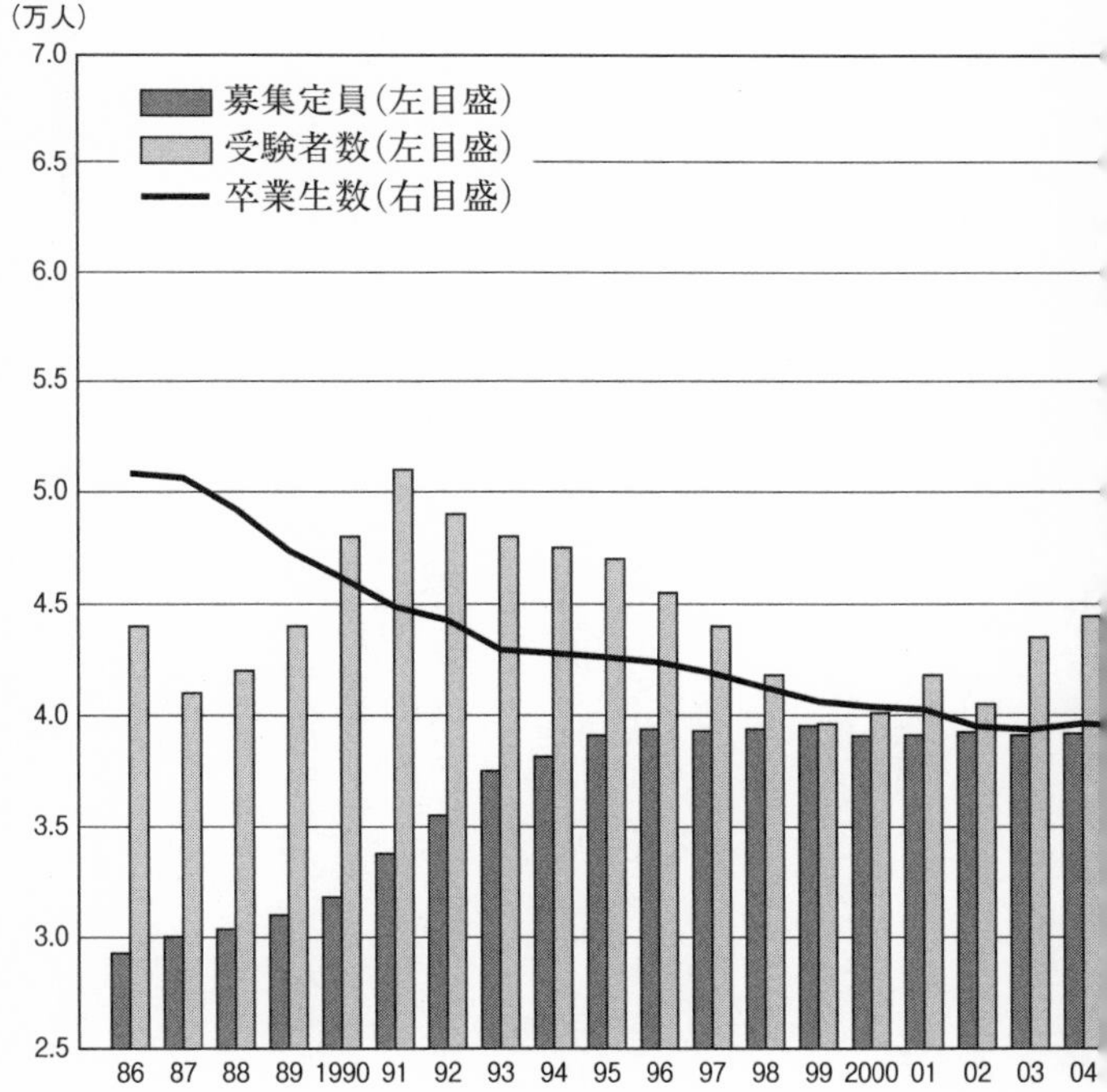

†なぜ中学受験をするのか？

二〇二三年段階で首都圏（東京・神奈川・千葉・埼玉）の中学受験者は六万六五〇〇名。受験率にして二二・六％（いずれも日能研調べ）。実に五人に一人以上は中学受験をしていることになる。すでに述べたように、東京だけなら三〇％を超えている（二〇二三年で三二・四％）。日能研ではこれ以上の統計は作成していないものの、東京では区部によっては、過半数が中学受験をしている地域もあるようだ。このような高い受験率になると、現象としても可視化できるようになる。

東京、神奈川の私立中高一貫校の入試開始日は二月一日。この日、公立の小学校によってはクラスのほとんどが欠席しているという状況になる。休んでいても「どうせチュウジュ（中受。中学受験）しているんだろう」と誰も不思議がらない。そのため、二月一日を社会科見学や校内スポーツ大会とする公立小学校もあるほどである。

ご存知の通り、日本では小学校・中学校は義務教育だから基本的に無償にもかかわらず（公立も、授業料はないが諸費が入るので実際は無償といえない）、なぜ保護者は子どもに受験をさせて中学（私学、国立大学附属、公立中高一貫校）にいかせるのか。端的にいうと、教育の質が高いからである。

ただし、その「教育の質」に対する認識はこの三〇年ほどの間に少しずつ変化してきた。さらに二〇二〇年を境に大きく変化して、かつてとは異なった認識となった。それではどう変化したのか。まず、この第一章では「これまで」の教育の質について記し、その質がどう転換し、「これから」に変化したのかを記して行こう。

†これまでの評価方法「大学進学実績」

日能研は一九八六年から受験率のデータを作成している（22ページグラフ参照）。データ作成当初（八六年）に八・五％だった中学受験率は、一九九〇年に一一・三％と二桁に乗り、その後も上昇を続けた。「ゆとりカリキュラム」（正式には第二次ゆとりカリキュラム）批判時期の二〇〇〇年には一三・〇％、その後二〇〇六年に首都圏にも私学をまねた公立中高一貫校が登場してからは一〇％台後半と上昇。続々と公立中高一貫校が登場していた二〇〇九年には史上最高の受験率二一・二％を記録する。

その後はゆるやかに下降したが、二〇一五年を底に再び受験率が上がりはじめ、二〇一八年に再び二〇％台となり、さらに上昇を続け、前述のように二〇二三年はこれまでの過去最高だった二〇〇九年の二一・二％を超え、最高値となった。このような受験率の変遷を牽引してきたのが、私立中高一貫校の大学合格実績であった。教育の質と豊かさの「評価」を大学合格実績の高さで測っていたのだ。

かつて言っていたところの「偏差値の高い特定の大学の現役合格率」とは、具体的には東京大学、早稲田大学、慶應義塾大学、上智大学（以上の現役合格率を日能研ではA率と呼ぶ）や、東京理科大学、明治大学、青山学院大学、立教大学、中央大学、法政大学（以上の現役合格率をB率と呼ぶ。ただし、二〇二三年よりB率から東京理科大学を外し、東京理科大学、東京工業大学、東京農工大学、芝浦工業大学、東京農業大学の現役合格率、S率［S＝SCIENCE］を新たに作成した）であった。いわゆる「東大早慶上智」「MARCH＋理科大」だ。首都圏の保護者にとって、これらの大学は「有名」であり、難関大学カテゴリーとして浸透していたこともあって、「評価」基準となった。

同調査が「現役」の合格率で比較したのには、大きく二つの理由がある。

まず一つ目は、「総数」にしてしまうと、既卒、つまり浪人生の実績を含むことになるためだ。そうなると、生徒が通っていた高校だけではなく、卒業後に通った予備校の教育力もプラスされてしまうのでフェアではないということだ。

そしてもう一つの理由が、現役で入った方が、結果として総体的な学費も高くはないという理由だった。実際試算すると、標準的な私学の中高六年間の学費は、公立中学＋高校＋塾代＋一年間の予備校代と同額かもしくは少し安くなった。

現役の大学合格実績を私学と公立で比較した場合、私学が大幅に優位になる。もっとも東大早慶上智のうち、東大の合格者数では総数にしても私学が優位だったのだが、それはさて措き、公立に行って浪人するくらいならば、私立の中高一貫校を選択した方が効率がよく、費用的にも高くないということだ。いずれにしても、このA率とB率の高さは、これまで私学の優位性を大いに実証してきたのだった。

†現役合格率重視への反省

これまで大学現役合格率の高さで語られてきた中高一貫校の優位性のポイントは、以下の通りだ。

中学と高校をつなげて六年間とすることにより、無駄な部分、中高の重複している部分を整理し、有機的につながった一貫教育プログラムを構築できる。さらに先取も可能となる。中二までで中学三年間のカリキュラムを消化、中学三年から高校一年の内容に突入、

中高6年間の過ごし方

高1	高2	高3
学習内容を高2まで終わらせる。文系理系に分かれる場合も	中高6年分のカリキュラムを学び終える！	ひたすら大学受験の準備

→　難関大学合格を達成！

高1	高2	高3
「学問領域（学部・学科）研究と大学訪問」をしつつ、高校の内容を学ぶ。文理の分野をまんべんなく学ぶ	「学部・学科研究と入試選抜研究」を行いつつ、深く幅広く学ぶ	学校推薦型選抜、総合型選抜、一般選抜、海外進学など柔軟に対応。学校推薦、総合型の場合は、高2までの探究・研究を入試で生かす。高3でも自分のやりたいことを考え続ける

学習履歴の蓄積、ふり返りでメタ認知が培われ、将来も見えてくる。大学入試、進路探しで役立つ！

→大学以降も、生涯学び続ける

高1	高2	高3
高校受験が終わりハッピーな夏休み	ようやく大学訪問	受験勉強開始。あまり大学を調べることができなかった……

東大圧・難関国公立大学圧が強い上位の公立高校もあり、自分の志望を歪められることも……

1990年代の私学のイメージ

中1	中2	中3
学習内容を中2まで進む	学習内容を中3まで終わらせる	学習内容が高校に突入

2023年の私学のイメージ

中1	中2	中3
「自分は何者か」（メタ認知）を仲間との対話で育て、同時に自己肯定感も高める	「世界と社会」を広く学び、自分の「領域」を広げる	大学訪問を開始。「大学での学びとは何か」を考えつつ中3の内容を深める

進学校の場合は連携した大学とともに中3ぐらいから探究・研究を行い、将来を探すことも多い
学校内外の研修を積極的に行う。海外研修・海外短期留学・長期留学・国内研修・校内研修など、私学ごとに豊かな研修制度が、生徒たちの非認知スキルを高める。

（参考）現在の公立中学校から公立高校進学のイメージ

中3
高校受験の準備

高校二年で中高六年分のカリキュラムを消化できる。そして残る高校三年では、まるごと一年間、大学受験の対策に充てることができる。つまり、中高一貫校の場合は、中高六年分を五年間に圧縮し、最後の一年を浪人したように、大学受験対策をできるから強いのだ、と。さらに、この中高六年間での高い学力を培うために、用いられたのが、

・補習・講習の充実
・グレード別編成
・少人数指導

であった。通常の授業が終了した放課後や長期休暇に「補習・講習」をくまなく組む。英語や数学など、理解度に差が生じやすい教科は何段階かの能力別編成とする。学校によっては入学時から特進クラスなどを設置する。理解度を上げるために一クラスを分割して少人数指導にするなどであった。いわば教育の質においても、効率性を最大限重視したカリキュラムであった。

しかし、徐々にこのような「教育の質」は変化している。どういうことか?

それは私学から大学に進学した生徒たちに対する反省から生じた、「私学の変化」と「社会の変化」の二方向から説明できる。双方の変化が「これから」につながっていく。

†キャリアガイダンスと持続型学力へ——私学の変化①

前述したように、私学（私立中高一貫校）は大学現役合格実績の、特にA率、B率で圧倒的優位を誇り、難関大学に、多数の合格者を輩出できるようになった。

しかし、すでに一九九〇年代から、一部の私学で大きな問題が生じていた。その一部の私学とは、先取り学習や質量ともに充実した補習・講習で、「効率よく」生徒たちを難関大学に送り込んでいる私学であった。それも麻布・開成・武蔵・桜蔭・女子学院・雙葉などの伝統校ではなく、近年実績を急速に上げた進学校で問題が起きていた。

生徒たちを「効率よく」大学に送ったまでは良かったが、入学後に何をやるべきか、何をやりたいかが見えなくなり、少なからぬ生徒が「迷子」になったことだった。本来は、やりたいことがあって、それを実現するために、試験勉強を頑張って大学に入るべきだったのに、難関大学合格を中高六年間の目標としたために、その目標を達成した後、何を学んでいいかわからなくなったのだ。

まさに「手段の目的化」であった。大学に入った後、やりたいことを考えればいい、との考えも根強かったが、大学は、学びたい学問を能動的に学ぶ場である。難関大学に入った学生たちは、高校までの受動的な学びに慣れ親しんでいたので、能動的に学ぶことが難しくなってしまったのだ（もちろん、例外はいくらもある）。

とある男子進学校では、先取り学習で東大に多数の合格者を輩出しはじめたのは良かったが、同校卒業生の留年率が著しく高くなり、東大で多くの「迷子」を創出してしまった。中高六年分を五年間に圧縮して、難関大学の合格者数を増やすことを目指した、いわゆる「到達型学力」の破綻であった。

筆者は取材やイベントなどさまざまな場所でそのような「迷子」の大学生にしばしば話を聞いた。偏差値は六〇を超える、人気の私立進学校から現役で東大に入ったのに、自分を見つめ直すために休学した学生。「入学してしばらくすると、一体何のためにここにいるのかわからなくなりました。そもそも私はなぜここにいるのでしょう？」と悩み始めたという。また、東大に現役入学して、そこであらためて自分が何をやりたいのか真剣に考えたところ、学校の先生になりたいことがわかり、思い切って東大を退学し、お茶の水女子大学を再受験した学生など、私学の変化に、印象的な彼らを何人も想起する。もちろん東大だけではなく、早稲田でも慶應義塾でも、難関私立大へ進んだ学生にも、同様のエピソードは少なくない。ちなみに第四章でふれるが、現在の一部の公立トップ高校はいまだに到達型学力観に基づく指導を行っている。

「到達型学力」にまつわる問題への反省もあり、私学で二〇〇〇年以降に非常に色濃くなったのが「キャリアガイダンス」であり「持続型学力」であった。

「キャリアガイダンス」はいまや私立中高一貫校の主軸となっているため後の章で詳しく述べるが、手短にいうなら「どう生きていくかを中高六年間で学ぶこと」である。そして「持続型学力」とは「大学に入った後も生涯学び続ける力」である。

「到達型学力」は、それまでの「東大をはじめとする難関大学に入れば、一流企業に入れて、人生は安泰」という意味ならたしかに「到達」であった。しかし、人生安泰な一流企業など、どこにあるだろうか。

大袈裟な話ではなく、世界にも社会にも身の回りにも課題や問題が溢れ、その課題を解決するために、人は常に学び続け、知恵を絞る必要性が高まってきた。常に新しいことを学び続け、得た知識を有機的につなぎあわせ柔軟に思考していく姿勢を学んでおかないと、大きな問題や課題を解決するどころか、それこそ生きていくことさえできない。ゆえに、子どもたちは中高の六年間、その前の中学受験の段階から、「生涯学び続ける」という姿勢を持ち続けることが大切となる。

従来の「刻苦《こっく》勉励《べんれい》して中学受験で難関を突破」「そして苦しい受験を乗り越えた後にはパラダイスがあり、もう勉強しなくてもよい」という発想から脱却する必要があったのだ。そのためにはまず「学びは楽しい」と思うことが前提となる。

†学びの「深さ」と「広さ」――私学の変化②

アクティブラーニングという言葉が二〇一〇年代半ばから流行り広く定着したが、多くの人たちはその本質をあまり理解していなかった。理解が深まらないうちに、二〇二〇年に新型コロナウイルスの感染拡大（コロナ禍）という状況が到来したため、アクティブラーニングよりも「ＩＣＴ（情報通信技術）を活用した教育」に注目が集まったという側面もある。

アクティブラーニングもＩＣＴの活用も、どちらも教育を促進する有効な手段の一つで、ともに「学び方」自体を大きく変えるとても大事なコンテンツである。

知識習得型の学びから、知識活用型の学びへの移行、いま世の中に出ている言葉に換言すれば「課題解決型学習」と「探究学習」の主流化である。

課題解決や探究というのは、ようは学びの「深さ」と「広さ」でと言い換えられるだろう。どちらも「これから」の教育にまっすぐつながるものである。

学びの変化は、社会の変化と強く相関する。というより、「学ぶこと」と「世の中」は相互に影響しあって、互いに変化を続けている。

†受験生の保護者は「社会の変化」当事者

バブル経済が隆盛を極めた一九九〇年前後から、失われた三〇年とも揶揄される現在(二〇二〇年代)に至るまで、社会も会社組織も、緩やかだが確実に変化し続けている。企業においては、ひと昔前のビジネス書にあったような「複雑な課題を解決したリーダー力」だとか「寝食を忘れて困難な業務を成し遂げた伝説的エピソード」だとかでなく、プロジェクトを組み、チームで対処することが広く定着しつつある。

「プロジェクト型」「チーム型」で大事なのは、「前例踏襲《ぜんれいとうしゅう》主義の排除」と「上意下達《じょういかたつ》組織からの脱却」であるという。もちろんいまだにこの風潮は色濃く残っている企業や組織もある。しかし、意志決定に時間がかかり、柔軟な発想が反映されづらい組織、柔軟性に欠ける組織では、複雑かつ多分野と関連する課題を解決できないし、生き残っていけない。

課題の発生ごとに、社内で立ち上がった「プロジェクト」「チーム」が課題解決をスピーディかつ柔軟に行うには、可塑性の高い組織づくり、上長とスタッフの立ち位置の変化（フラット化）が必要だという認識が、すでに共有されている。

さて、このような組織の変化を、真っただ中で体感しているのが、じつは中学受験生をもつ保護者である。それも、両親そろって。

首都圏で中学受験を志す保護者の多くは共働きだというデータがある（『進学レーダー』調べ）。同僚のこともあれば違う会社で働いていることもあるが、都心に住む保護者の多くは、「プロジェクト型」「チーム型」の職場で働き、両親ともにその変化に対応することの大事さをとても理解しているのだ。しかも、チームには「学歴」ではなくて「実行力」と「協働」こそが大事であることも実感している。

そのような保護者は、ただ難関大学に入れる「到達型」ではなく、「持続型」の学びを実践し、「実行力」や「協働」を培ってくれる私学を選ぼうとしている。二〇二〇年以降の教育界は、「非認知スキル」と呼ばれるこの「実行力」「協働」そして「自己肯定感」の醸成が非常に注目されるようになった。

ちなみに、読み書きや思考力など測ることのできるスキルを「認知スキル」、測れないものを「非認知スキル」と呼ぶ。

もっとも、「自分の経験上、一流企業に勤めるためには、ともかく難関大学に入ること。そのためには、学習成果が一目でわかる到達型こそが素晴らしい」と信じて疑わない保護者も、もちろん少なからず存在している。

†バランス型私学

「先取り」ではなく、学びの「深さ」と「広さ」を伝える授業を行い、クラブ活動や行事によって「非認知スキル」を培うようなタイプの学校を、筆者は「バランス型私学」と呼んでいる。近年、このバランス型私学の人気が高い。

いうまでもなく国際的に活躍する際にもこの「非認知スキル」はとても大事。社会で働く際に、もはやプロジェクトやチームの中に文化背景の異なる人が入ることは珍しくない。さまざまな人と働く際には、言語・非言語のコミュニケーション力が必要で、他者の特性を見つめ、肯定する姿勢がとても大事である。

非認知スキルはクラブ活動や行事などで養われることが多いのは確かだが、芸術や技能などの教科教育でも培われるといわれる。筆者が見てきたバランス型私学は、総じて全教科を大切にする。特に難関校に分類されるバランス型私学ではこの傾向が強く「全教科が主要教科」という立ち位置である。

ところで一時期、中学受験の世界で「リーダー力」や「リーダーの育成」という言葉をよく耳にした。公立の学校ではいまだにこのフレーズを目にすることがあるが、ある公立中高一貫校を取材したら、開校した直後はクラス中、リーダーをやりたい人ばかりで困ったという笑えない話を聞いた。

「プロジェクト」や「グループワーク」は、リーダーだけで成り立つものではない。グループに所属するメンバーが相互補完的に働き、シナジー（相乗効果）を発揮できるかどうかが大事なわけで、リーダーは、強いリーダーシップよりむしろメンバーが力を発揮できるようにする「ファシリテーター」（進行促進役）であることが求められる。

リーダーという言葉が出始めた頃、吉祥女子中学・高等学校（東京・武蔵野市）を取材した際に、「リーダーよりフォロワーがより大事。本校は優れたフォロワーを育成します」という話を聞いたことを思い出す。いまとなっては、それが慧眼だったといえるだろう。

中高一貫校に求められる「質」は、緩やかだが確実に変化してきたが、大きな転換点となったのが二〇二〇年であった。新型コロナウイルスの感染が拡大した年である。

世界中で外出規制が行われ、人々の行動や生活が大きく変容した。感染拡大を防ぐべく、人と人の接触を回避するための生活様式が求められたのだ。社会人も会社への出勤が規制されて自宅でICTを活用したテレワークが推奨された。

教育も変化した。具体的には二〇二〇年四月、安倍総理(当時)による緊急事態宣言に端を発し、結局五月いっぱいまで全国のほとんどの学校は、唐突に実質的な休校をせざるを得なくなった。対面授業を受けられなくなった子どもたちは「自宅学習」となったが、いち早くICTを活用できた私学は、その柔軟な対応で保護者の信頼を勝ち得たのだ。もちろん、すべての私学で一斉に対応ができたわけではなく、学校によってICT導入のスピードに違いはあったものの、在校生の学びを止めることはなかった。公立小・中・高とは段違いの対応の柔軟さを発揮したのだった。

具体的に記そう。じつは学校教育では以前からICTの活用が叫ばれていた。

二〇一九年に文科省が発表したGIGAスクール構想がある。GIGAとはGlobal and Innovation Gateway for All のことで、一人一台コンピュータ、クラウド活用を前提とする高速・大容量ネットワーク環境の学校整備を目指していた。

私学はその構想と将来を見据えて、整備を始めていたところだった。一人一台コンピュータが実現している私学はその端末を通して、まだ配布していない私学は、自宅のパソコンに授業動画を配信した。当時はＺｏｏｍなどのテレビ会議システムを利用しての双方向性の授業がもてはやされたが、コロナ前からオンライン授業を研究していた私学は、双方向性が万能でないことも分かっていたため、動画配信と双方向性を組み合わせた。また、生徒の様子から柔軟に対応を変化させた。

そもそも私学はオンライン対応を始めた時期が早く、新学期と共に開始することも少なくなかった。一方で、公立学校は地域による差はあるものの、概してＩＣＴのインフラが整っていなかった。そのためプリント配布、課題の指示など旧来の休校対応しかとれないことが多く、学習の遅れが問題となった。ちなみに、「この際、日本の教育を従来の四月入学から九月入学に移行しよう」と主張する人々が政府や首長にも一定数存在したことも記しておきたい（結局実現しなかったが）。

話を戻すと、このコロナ禍により、私学ではＩＣＴが一挙に広がった。具体的には以下、三つの対応からなる。

①一人一台端末……学校が一括購入する場合、貸与する場合、そしてBYOD（Bring Your Own Device。自分で端末を用意する）の三パターンがある。

②教室内の電子黒板……ディスプレイタイプとプロジェクタータイプがある。

③Wi-Fi環境の整備……有線を併用する場合もある。

この②と③は、学校が再開した後、生徒に一人一台の端末があるのだから、校内もICTの整備をしようということで充実したのだ。

このような柔軟性が評価されたことも、二〇二一年以降の中学受験者数の増加につながった理由なのだ。

†ICT汎用化後に生じた「最適化」

ICTは汎用化したものの、全面的にICTに移行したわけではない。その長所を、従来の対面授業に取り入れつつ、アクティブラーニング（主体的な学び）の要素も導入するという、「最適化」が進行している。

各私学で理念や生徒の状況が異なるために、「私学の標準」というものはない。ただ、最適化の流れはどこの私学でも生じている。授業のスタイルが多様化しており、それに合わせた最適化である。教室の中でグループを作り、作業を行いつつ学んでいくアクティブラーニングタイプのもの、理科などの実験、そして対面型の授業で、端末を用いたり、電子黒板を「文房具」として使用したりしている。

しかし、全面的にICTに依存するわけでもない。生徒たちの学習の定着を鑑みながら、「紙のノートに書く」「紙のプリントに書く」なども残している。たとえば、計算、漢字、英単語の習得などは特に、低学年からICTに移行すると、定着の度合いが低いことがわかってきたため、従来通りの「紙に鉛筆で書く」を大事にしているケースが少なくない。ただし、電子黒板が登場したことにより画像や動画などを使うことで学びの要素は豊かになった。アプリを使用することで生徒たちの意見集約をしやすくなり、グラフなどによる可視化も迅速にできるようになった。

生徒たちが主体的に作業を行う時間が増えたため、授業はとても賑やかなものになり、先生の役目は教え導くことから促進する（ファシリテート）に変化している。「課題」（プリントや宿題）もICT汎用化後に変化した。学校と生徒がネットワークで結ばれたため、共同の「プラットホーム」にプリントや課題を「置く」ことも多くなってきたのだ。これによって、以前よくありがちだった「プリントを失くした……と思ったら、鞄の奥底にあった」というタイプの未提出問題は解決した。

プラットホームの活用による「課題」(宿題)提出の変化には別の利点もあった。以前なら、「この一枚を明日までに」と、課題を細切れにして短期間で提出させたものだが、そうではなく、「一〇枚を来週までに」と、まとまった量の課題を長めの期限付きで出すこともできるようになった。これは、生徒たちに計画性を身につけさせることにつながる。難関校では以前から多かったが、レポート形式の課題は難関校以外でも増加しているようである。レポートは調べる時間も必要となるため、締め切りに余裕をもたせるケースが多くなっている。

†「ラーニングコモンズ」で学び合う

私学の魅力をあらわす言葉の一つとして「面倒見の良さ」がある。しかしこの言葉はまさに諸刃の剣。一見良さそうに思えるが、一歩間違えば過保護となり、生徒はいつまでも主体的に学べない。放課後も同様。全員が受講する講習などは、受動的な学びを継続させ、主体的な学びの喚起にはつながりにくいものだ。

さて、従来の授業でイメージする教室は、生徒全員の机が前方の黒板に向いており、先生の声だけが響き、生徒が横や後ろを向くと叱られる光景ではないだろうか。けれど、アクティブラーニングの机の配置は、島（アイランド）型や円卓型である。その授業は、教室だけではなく図書館や予備教室などを使用して実施されることも少なくない。

アクティブラーニングの授業は対話が重視されるので、授業中はとても賑やかである。換言すると「授業内容を誰かが常に話している」状態で、静謐ではない。じつはこの「ざわつき」こそが、学びの「シナジー」を生む。そして、この賑やかな学びが、放課後の「ラーニングコモンズ」に続くのだ。ラーニングコモンズとは、学習支援のために設けられる場所のことである。

学びの定着で大事なのは、復習。授業中はしっかりと聞き、その後に、わからなかったところもっと知りたいことを、自分で深掘りしてみること。このようなふり返りや探究は、帰宅して一人で行うよりも、放課後に仲間と共に確認したり、先生に尋ねてさらに教えてもらう方が効果的なのだ。

私学では、そんな学び合いの場として、ラーニングコモンズの整備が進んでいる。また、図書館がラーニングコモンズの機能を兼ねる場合もある。もちろん、この流れは最近始まったわけではなく、先進的な私学ではずっと行われてはいたのだが……。ともあれ、放課後のラーニングコモンズ、学び合いの場の特長を三つあげる。

①仲間と話し合える空間となっている場合が多い

ラーニングコモンズは仲間と共に対話する場所であり、静かに学ぶ場ではない。また、机の配置も、四角形に並べると対立構造になりやすいので、円形や台形のテーブルが用意される。にぎやかな授業が継続する放課後のラーニングコモンズは、ざわついている。そうはいっても、静かに学びたい生徒もいるので、従来の自習スペースを用意している私学もある。なお、図書館がラーニングコモンズの機能を兼ねる場合は、にぎやかになるのを制限している場合もある。

②飲食可能な場合が多い

新型コロナウイルス対応でまだ制限している私学もあるが、基本的には飲食可能であることが多い。校内のラーニングコモンズに、コンビニエンスストアが運営する自動販売機が置かれていることも増えてきた。自販機では、おにぎり、麺類、サンドイッチ、スイーツ、チルドドリンク等が買え、リラックスした状況で対話できる。いわば「学内カフェ」

だ。これは図書館も例外ではない。かつての図書館は、飲食禁止の代表的な場所だったが、図書館内にコーヒーサーバーが用意され、コーヒーの香りに包まれながら学び合える私学も登場しはじめている。

③ＩＣＴ環境の充実

生徒たちは自分専用の端末を利用している。また、仲間とともに授業の内容や課題を話し合う場に電子黒板や大型モニターなどがあると便利。そこで、ラーニングコモンズに電子黒板を設置するなど、ＩＣＴ環境を整えている私学もある。

④生成ＡＩ

二〇二三年現在、生成ＡＩの話題で持ち切りだが、私学での教育導入は慎重なようだ。ただし、英語のスピーキング支援などでは使おうとする動きも出ている。

†行事とクラブ活動の大切さを再認識

コロナ禍によって、二〇二〇年以降の中学や高校の教育現場は多くのことに気づかされた。実際にＩＣＴ対応が進んだことで、逆にそれだけでは効果が不十分であり、「リアル」の大事さが再認識されたのだ。ネットを通じた会話や画像だけではコミュニケーションが十分には成立しない。リアル空間での仕草、間合い、共同作業などの重要性があらためて見直されたのだ。

これは、クラブ活動も同様である。特にコロナ禍一年目の二〇二〇年は、Ｚｏｏｍが多用された。音楽系クラブの楽器演奏、運動系クラブのトレーニング、文科系クラブのミーティングで、テレビ会議システムが活用された。文化祭などの行事も、オンライン開催された。二〇二〇年の特に前半は、先生だけでなく生徒もアイデアを出して、つながろうとした。その創意工夫は大いに評価されるべきだろう。

しかし、そうした経験を経て、いまあらためて「リアル」なクラブ活動や行事の大事さが見直されている。

むかしから私学の行事は、生徒の自主性が発揮される場である。それは難関校ほど顕著な傾向で、たとえば麻布の文化祭は、ほぼ生徒だけで企画、運営される。全校生徒によって選ばれた実行委員会が予算管理の段階からすべて行うため、「責任を伴う自由」が求められる。開成の運動会も、企画・運営は生徒に徹底的に任されていることで有名だ。

クラブ活動も同様である。体育系でも、言われるがままシゴキに耐えるというかつてのような雰囲気は減っている。近年は、プレーのコツや作戦を仲間で話し合い実行するなど、生徒の主体性を大事にする運動部が目立つ。たとえば芝浦工業大学柏の中学野球部は、「生徒は常に主体的であること」を公言している。指導者は生徒に教えすぎることなく、生徒の「もっと知りたい！」「上手くなりたい！」という欲求をかき立て、主体性を引き出す努力をするのだそうだ。

体験型の施設をつくり、文化系クラブが充実した活動ができることを謳う私学が増えてきている。たとえば、天文ドーム（天体観測ドーム）をつくった私学では天文系のクラブがさかんになる。桜蔭中学校・高等学校の天文気象部、女子学院の天文部などだ。武蔵高等学校中学校（東京・練馬区）は理科施設が充実していることもあり、気象部、生物部、太陽観測部、化学部、物理部、地学部など、多くの理科系クラブがある。理科系のクラブ活動は、大学の専攻選びにつながることも少なくない。

オーケストラや管弦楽など音楽系クラブはチームで楽曲を完成させる。これは現代の働き方の変化（グループ型、プロジェクト型）にもなじみやすいだろう。美術や書道のようなクラブ活動も同様である。美しいものや素敵なものを作り上げること自体が人生の喜びにつながる。

社会人にとって重要なことの一つに「引き出し」の多さがある。優れた企画もアイデアも、豊かな背景を持つ個人から生まれる。中学や高校のクラブ活動は、生徒の「引き出し」を増やしてくれるし、人によってはその後の人生を左右することもある。クラブ活動や行事への参加を通して、同級生や先輩と話し合い、問題点を洗い出し、解決し、実行することで、まさに非認知スキルを培うことができるのだ。仲間とリアルに相対して、相手の仕草、動きなどを感じつつ話し合うことで、生徒たちが深くつながる。結果として非認知スキルが培われるのだ。

†「校風が生きる」とは

麻布の文化祭について少し触れた。麻布といえば「自由」な校風が知られている。それも責任を伴う自由。行動には常に責任が伴うことを自然と意識するのだが、それは文化祭や運動会といった行事で養われている。どちらも生徒の自主活動の一環で、前述のように全校生徒によって選ばれた実行委員会を中心に企画運営がされる。

文化祭では予算数百万円を管理する段階からすべて実行委員会が担う。そんな文化祭に憧れて、同校を志望する受験生もいる。以前、筆者が『進学レーダー』の取材で出会った在校生もこのパターンで、麻布の文化祭実行委員会の会計になりたくて入学したと、本人から聞いた。

現在の麻布の文化祭は、七七年前の「芸能祭」に端を発する。一九四六年一月二九日の創立記念日を迎えるにあたり、旧制中学四年生（当時）が集まり、「ひとつ、日ごろお世話になっている先生たちを余興でもやって喜ばせてやろうじゃないか」と芸能祭を行うことを提案。当時の細川潤一郎校長（第三代校長）から快諾を得た。講堂に全生徒を集めた討議の結果、一人一円ずつ出して費用に当てることになったという。

当日は菊池寛の戯曲「屋上の狂人」を演じ、漫才やアコーディオン演奏などの構成で、大いに評判となったそうだ。翌年から文化祭と名を変え、さらに内容を加えて、盛大に開催されることになった。全生徒で討議をするところなども含めて、もうこのころから麻布の自由な校風がわかる。

この時の中学四年生には、文学座の代表も務めた加藤武、芸能研究でも有名な俳優の小沢昭一、フランキー堺こと喜劇役者の堺正俊と、錚々《そうそう》たる名前が並ぶ。いま見るとなんとも豪華な文化祭創始者たちで、麻布の凄みを感じるエピソードだ。

†国内外の研修の意義

中高一貫校をとりまく教育の流れは「外」といかにつながっているかも、今後のポイントになる。「外」とつながるとは、学校外ということ。具体的には国内外の研修や、外から人を招いた学内研修のことだ。私学では、社会で活躍している卒業生たちがさまざまな局面で、学校に力を貸してくれることが少なくない。公立のような教職員の異動がない私学には、ずっと母校とつながり続ける卒業生が多い。彼らは学校にとっての大きな財産であり、生徒にとっても「頼りになる先輩」は魅力的だろう。

ほとんどの受験生とその家族は、志望校のパンフレットに掲載されている年間行事予定に目を通していると思う。国内外への研修の充実は、学校の熱心さを測るバロメーターたりえる。

たとえば武蔵は、中学一年に山上学校（群馬県・赤城山、三泊四日）、地学巡検（神奈川県・箱根山麓）、中学二年に民泊実習（群馬県みなかみ町、三泊四日）、中学三年に天文実習（山梨県・清里高原、一泊二日）などが実施されている。武蔵の建学の理念に「自ら調べ、自ら考える」というのがあるのだが、武蔵の研修は、国内外ともに「現地集合」が伝統である。

多様な広がりを見せる海外研修もそうだ。二〇二〇年と二一年は、コロナ禍のため海外研修を中止する動きがほとんどだったが、二二年に感染状況が収束に向かい始めたこともあって、再開されるようになった。

東京成徳大学中学校・高等学校は中学三年の三学期に、ニュージーランドへのターム留学（三カ月）がある。二〇一八年度入学生はコロナ禍のためにそれが叶わなかったが、その代替として、二〇二二年三月にドバイへの語学留学を実施した。ちなみにドバイは、研修先としていま注目されている。シンガポール同様、英語を母語としない多様な人々が英語でコミュニケーションする地であり、最先端のテクノロジーに満ちた都市として有名だ。アブダビと並んで世界中の大学がキャンパスを開設しており、治安でも費用の面でも安定しているため、今後は研修・留学先として他の私学も訪れるようになるだろう。

もう一校、紹介しておこう。関東学院は、二〇二二年八月に英国のパブリックスクール「イートン・カレッジ」での研修、イートン・カレッジサマープログラムを実施した。高校生の女子一四名、男子一〇名が参加したが、希望者は多数だったそうだ。イギリスの伝統校の授業を体験でき、こちらもとても魅力的である。

ちなみに、二〇二三年の海外研修はほぼコロナ前の状況に戻りつつあるが、東京成徳のドバイ研修のように、今後は多様化の流れが強まりそうだ。大阪の私学の中には、インドを研修先として検討を始める動きも出ている。

いずれにしても国内外のリアルな体験は、生徒たちが自身の将来像を描く上でとても役立つ。私学はそのような体験をしっかり用意してくれる。

なお年間予定に組み込まれている行事以外にも、週末などを利用して校外に出ることが多くなっている。高大連携（後述）の進展で、生徒が大学へ訪問する機会も増加している。

†大学入試のトレンド

大学と入試のトレンドに関しては第三章で述べるが、ここでは今後の中学受験で大事な要素となる「変化」について、少し紹介する。

今後の日本は、大学の序列が大きく変化することはまず間違いない。高大連携によって、私立中高一貫校の生徒たちは中高六年間かけて大学の中身をよりじっくり調べるようになっている。偏差値や知名度以上に研究内容を重視した大学選びがすでに始まっている。また海外大学への進学の流れも強まっている。

こうした選択肢の拡大がさらに進展すると、日本の大学は序列型から多様型になるだろう。二〇二二年八月に、東京医科歯科大学と東京工業大学が統合に向けた協議を開始したと報じられた。早ければ二〇二四年中に実現され、東京科学大学となるという。統合の背景には、国際的な競争力を高めたいという思惑も少なからずある。

大学入試も大きく変化している。

・一般入試 → 一般選抜
・AO入試 → 総合型選抜
・推薦入試 → 学校推薦型選抜

二〇二一年入試から「大学入学共通テスト」が開始されたが、ここで大事なのは、総合型選抜と学校推薦型選抜の比重が高まっていることだ。

二〇二三年の募集定員で計算すると、一般選抜以外の枠が東北大学は三割弱、国際教養大学（AIU）は四割前半、筑波大学は三割程度、慶應義塾大学湘南藤沢キャンパス（SFC）の総合政策学部と環境情報学部は四割程度、早稲田大学国際教養学部は七割程度だろう。

また前述した二〇二四年に統合されて東京科学大学となる予定の東京工業大学と東京医

科歯科大学だが、片方の東京工業大学が二〇二四年入試から女子枠を設置、定員は一四三名（二四年は五八名、二五年に八五名追加し、合計一四三名）で、一学年一〇二八名の約一四％にも相当し、さらにすべてが学校推薦型選抜と総合型選抜。このインパクトは相当大きい。ちなみに、東京理科大学をはじめ他の理工系大学でも男女の格差の是正とダイバーシティ推進から女子枠の流れも強まりそうだ。

さて、総合型選抜と学校推薦型選抜の内容を大まかにいうと「学力」と「入学後何をやりたいか」を示す選抜方法である。そして、比重は高くないものの東京大学でも学校推薦型選抜が実施されている。二〇二二年の学校推薦型選抜では、中村中学校・高等学校国際コースの生徒が東京大学に合格している。

筆者は、総合型選抜と学校推薦型選抜の拡大は、中高一貫校にとって有利なのではないかと考えている。その上で私学は、主体的な学びで学力を高めており、自分の適性を見極め大学で学びたい研究を六年間じっくりと考えながら進路を決めることができるからだ。昨今の大学入試の変化に合致するといえよう。

続いて高大連携である。もともとの高大連携は、付属校の生徒が併設大学を通して、

「大学の学び」に直接的・間接的に触れられるものだ。だから従来の高大接続は、大学付属校のみが持ちうる長所だった。

ところが近年、特に二〇二〇年以降は、進学校でも高大を接続するために、中高一貫校とは別法人の大学が「高大連携協定」を締結するケースが非常に増加している。この場合、連携協定の締結と共に、学校推薦型選抜が用意される場合がある。中学受験をして大学付属校ではない中高一貫校に進学したとしても、付属校のように「枠」があることが増加しているのだ。高大連携により、中学受験で得られる選択肢は多様化し魅力的になった。なお、高大接続に関しては、第三章でさらに詳しく紹介する。

†私学の校風は変わらない魅力

第一章ではここまで、中学・高校生の学びの変化と、大学進学方法の変化について見てきた。しかし、じつは一貫して変わらない魅力が私学の校風だ。創立者の教育理念をもとに、歴代の生徒と先生によって築き上げられてきたもの、それが校風だ。学校パンフレットを開けば、創立者の教育理念は目立つ場所に「ことば」であらわされている。私学はどこも、その「ことば」に宿る理念を、日々の学校生活で実践し、「校風」として継承されてきたのだ。

だから受験生と保護者にとって大事なのは、まず創立者の理念に賛同できる私学を受験することである。志望校探しで一番大事なのはじつはここ。もちろん受験生本人の成績と難易度の兼ね合いもあるが、まずは理念に賛同できる私学を探したい。

そして入学後は、その理念や校風に裏打ちされた行事や教育を味わいつつ六年間を過ごしてほしい。在学中はその校風をさほど意識していなくても、卒業後数年経てば、自分の心の奥深くに母校の校風が浸透していることに気がつく。その内在化した校風こそが、自分の生き方や考え方に直結する。

もっと突っ込んで断言すれば、学校選びにおいて、じつは大学合格実績よりも、校風こそが一番重要で、中高六年間で身についた校風が、その後の人生の荒波を乗り越えるための自己肯定感につながっていくのだ。

神奈川県のカトリック男子高、サレジオ学院の河合恒男神父（校長・理事長を歴任）に話をうかがった際に、この〝校風の身体化〟を「二五歳の男づくり」と表現していたことが印象に残っている。大学を卒業して三年、二五歳くらいでようやく自分の考えや将来像がはっきりしてくるものだと、河合神父は話してくれた。成長を急がせていけない、自分の良いところも悪いところも認めつつ、自分に自信を持つことが大事だ。サレジオ学院が、中高六年間でキリスト教教育を展開するのはそのためである、と。

ちなみに、サレジオ学院の創立者、ヨハネ・ボスコの教育の方針は「ともに居る（アシステンツァ）」。ボスコは「信念・愛情・理性」という理念をもって教え導いた。同校はこの理念を実現するために、「勉学・問題解決・奉仕」という三つの育成を目指しているという。在学生はカトリック教育を受けるのだが、これは一方的なものではなく、先生も神父も、生徒の自主判断を尊重しながら、ともに歩むのである（生徒とともに歩んでいく）。この結果、卒業後二五歳になったくらいで、「サレジアン」に成長するのだとお話ししてくれたのは、とても印象に残った。

卒業後に生きてくる教育理念、まさにこれこそが私学の最大の魅力だ。筆者はよく、中高一貫校をルーツにまで遡り、タイプ分けして説明するのだが、それは受験する学校の「教育理念」にこそ注目してもらいたいからである。その理念の下で育まれ、現在まで継承され続けている「校風」こそ、子どもと学校の相性を測るバロメーターだと考えている。

第二章

こんな学校で学びたい

私立中高一貫校で六年間学ぶと、理念に基づく生き方、考え方が身につき、その後の人生で大いに役立つ。これこそが私学の真価だと筆者は考えている。母校とつながりを持ちながら社会で活躍している卒業生も多い。

その意味で私学らしい私学と筆者が考える三校を紹介したい。「麻布学園（東京都港区、男子）」、「捜真女学校中学部・高等学部（神奈川県横浜市、女子）」、「明星学園（東京都三鷹市、共学）」は、それぞれが独自に素晴らしいのはもちろんである。だが筆者がここで強調したいのは、確固とした理念のもとに創立され、生徒と先生によって校風が継承・熟成されてきたこと。そうした学校の根幹を「これからの学び」にどうつなげているのかという、すべての私学に共通する部分である。

†麻布の「自由」は二度生まれた

東京の難関男子校といえば開成、武蔵、麻布など、いくつも念頭に浮かんでくる。どの学校の理念も校風も独自性が高く、とても魅力的なのだが、その中でも、麻布は特に語りたいことが多い私学である。「校風が継承されている一例」の項で、文化祭の誕生と運営のエピソードから先述したように、麻布の自由な校風は、放任という意味の自由ではなく、責任を伴う自由だ。

麻布の校章が掲げられている現在の校舎は、かつては時計塔と呼ばれ、時計がかけられていた。ある時、生徒が屋上からロープで降りて、時計の針に自分の名前を彫るという事件が起きた。事件後に対処した先生は、彼の行動自体については深く問い詰めず、「直しにいく用務員さんのことを考えろ！」と叱ったのだという。

まさに、行動には責任が伴うことを示す麻布的な導きだった。ちなみにこの生徒は後の首相、橋本龍太郎である。


麻布の自由な校風は、どのようにして培われたのか。歴史的には大きく二段階ある。

まず最初は創立者・江原素六。一八四二（天保一三）年、貧しい御家人の家に生まれた江原は、苦学のすえ幕府に抜擢され、戊辰戦争を経験、明治維新後にプロテスタントのキリスト者となり、自由民権運動に参加した。麻布には、一八九五年の創立当初から、プロテスタント的な「責任を伴う自由」と、自由民権運動に伴う民主主義の理念があったのだ。

江原は学内の寮で生徒と起居を共にし、「江原さん」と呼び親しまれた。彼は常に青年らと共にあり、その可能性を信じていたのだろう。江原の言葉「青年即未来」は、いまでも麻布で大事にされている。

「責任を伴う自由」が次の段階に進むのは、「山内事件」を経たのちだ。一九七〇(昭和四五)年、各地で学園紛争が起こっており、それは麻布も同様だった。麻布を立て直すという名目のもと就任したのが山内一郎校長代行だった。山内校長代行は生徒たちを強硬に押さえつけ、独裁的に学校を支配した。その裏で縁故入試や横領などの不正も行われていたという。この時、在校生と教員が団結して彼を放逐したのだ。この共闘によって、麻布の「自由」は深化した。

『麻布学園の一〇〇年』という三分冊におよぶ学園史の大著が一九九五年に刊行されているが、ここに「山内事件」が約一〇〇ページにわたって記録されている。その詳細な記録を読むと、自由な校風を守ってきた歴史と、それを語り継いでいこうとする麻布の誠実さを垣間見ることができるのだ。

†麻布の教育は師弟同行

『進学レーダー』の取材を通して三〇年、筆者は何度も麻布を訪れ、多くの先生方にじっくりと話を聞いてきた。三〇年という時間の中で時代に合わせて変化してきたことと、変わらぬ部分がある。二〇二二年末の取材では、各教室のプロジェクター設備などＩＣＴの進化を見ることができた一方で、どの先生にも共通する特性があることも感じた。それは対話重視の先生と生徒の関係、生徒に丁寧に接する誠実さだ。

生徒と先生の関わりの深さが端的に示されているのは職員室だろう。廊下が突き抜けているので「通り抜け職員室」と呼ばれ、定期考査の問題作成時など以外、生徒は自由に職員室を通り抜けて行く。先生の側に寄っていって質問したり、相談したりできる。生徒と先生の距離感が絶妙でフラットだ。

難関校は往々にして一クラス当たりの人数が多く（麻布は一クラス四三、四四名）、さまざまなタイプの生徒がいる。だが、能弁な生徒も寡黙な生徒もどんな生徒にも先生はじっくり対応してくれるという安心感がある。

代々の校長先生は素敵な方ばかりだが、第八代校長だった根岸隆尾先生がおっしゃった「生涯一書生ですよ」という言葉は、筆者の座右の銘とさせていただいた。先生たちの姿勢は限りなく低く、生徒を大事にしつつ、共に学んで行こうとする姿勢は麻布の変わらない特質である。

†特徴的な教科カリキュラム

いくつか教科教育で特徴的なものを紹介する。

国語ではやはり「共同卒業論文」だろう。中学一、二年の現代文は、人間理解の幅を広げ、豊かな感性や論理的思考力を育てるため、さまざまな教材を用いているという。その集大成が中学三年で取り組む「共同卒業論文」である。

五、六名で班をつくり、一つの作品を読み解き、みんなで論文をまとめあげる。役割分担はしてもよいが、全編にわたって、班のメンバーで話し合って考えをまとめていかねばならない。意見の相違があるが、議論することで考えが深まっていくし、論文の良さも高まっていく。しかし、共同卒業論文の作成に授業の時間が充てられることはないのだという。昼休みや放課後に学内、または学外で集まって、意見をぶつけ合い、考えを共有していくのだ。この「共同卒業論文」の作成は、生徒同士の対話も活発になる教育の仕組みといえる。もちろん対話が得意でない生徒もいる。そんな生徒でも、心が通じ合う仲間は必ず見つかるのが麻布。「一学年三〇〇人いれば、話の通じる友達は必ずいます」と麻布のある先生は断言してくれた。

麻布の社会科はかなり独自性の高い構造となっている。中学一年では、世界の歴史と地理を融合させた「世界」を学ぶ。東アジア、ヨーロッパ、アメリカなど地域に分けて、歴史、地誌、経済、そして現代事情まで学ぶ。教材は担当の先生が共同作成する同校オリジナルなものとなっている。中学二年は、東アジアを視野に入れた「日本史」と「地理」の二科目を履修する。中学三年は、人権を中心に日本国憲法、そして、近現代史を中心に「日本史」を学ぶ。「歴史総合」の学習開始も中学三年。

高校一年からは現代史を扱う「現代Ⅰ」、経済分野を扱う「現代Ⅱ」、地理分野を扱う「現代Ⅲ」を学習し、年度末には、各自が自由なテーマを選んで研究論文としてまとめる「基礎課程修了論文」(修論)を提出する。テーマは、社会科に関するものであれば自由に選んでよく、歴史、地理、文化、情報社会に関するものなどさまざまだ。どの学年の社会科も、視野の広さと柔軟な考え方を培うような工夫がなされている。

理系も豊かな内容である。早くも中学一年から物理・化学・生物・地学の四分野に分け、それぞれ専門の先生が担当する。各学年とも、実験実習室八室を使って、生徒実験、演示実験を行い、レポート課題を提出する。

さらに視野を広げるのが「教養総合」。二〇〇四年からスタートした比較的新しい取り組みだという。高校一、二年を対象に、土曜日の二時間実施。各学期三〇ほどの授業が設置されていて、生徒は自分の関心にあった授業を、各学期ごとに選択する。二〇二一年度の授業例では「中国語入門」「ドイツ語入門」などの語学系、「漢文多読」「建築を読む・書く・つくる」などの人文系、「初等量子化学入門」「群論入門」などの化学系、「染色・型染め」「ペン字書道」などの芸術系、「サッカー」「ジャグリング」などのスポーツ系など多岐に及ぶ。

麻布では、どの教科も生徒自身が考えたり決めたりする課題や、レポートが多いことに気がつかれただろうか。じっさい、提出されるレポートの内容も濃いという。先生たちは回収したレポートを細かく評価する。学校だけでは終わらないので、持ち帰ることも少なくないそうだ。

†麻布の自主活動の要「クラブ活動」

クラブ活動についても触れておこう。麻布には自主活動の要として運動部・文化部合わせ四五のクラブや同好会がある。また、クラブや同好会に昇格していない複数の「集まり」があり活動している。同校のクラブの特徴として、「囲碁部」「将棋部」「チェス部」

「オセロ部」と、ゲーム系部活動の充実が挙げられる。

前述の『麻布学園の一〇〇年』には、ゲーム系クラブの歴史も紹介されている。その一部を見てみよう。まず囲碁部。一九六七年頃囲碁好きの中学生相手に、国語の岸田正吉先生(東大では、囲碁部の主将を務めた)が、放課後教室でひっそりと碁を打っていたところ、将棋好きの高校一年生が教えを乞うてきたことから同好会が誕生、メンバーの多くは将棋も指したので、囲碁将棋部が発足する。その後人数が多くなったことから、一九七七年両部は別々に独立した。

チェス部は学園紛争の余韻の残る一九七二年の創立。ヘルメット姿で学内を練り歩き、教師を糾弾する上級生に対し、入学したての中学一年は恐怖心を抱く生徒も少なくなかったのだが、一方で受験からの解放感と相まって、制約から解放されたような自由も満喫していたという。不安定な精神状態で過ごしていた生徒たちのうち仲が良いグループが、同好会を発足させることが流行したそうだ。中学一年の三人が「チェスチェッカー同好会」を発足させ、その後現在のチェス部となった。

オセロ部は、一九八八年に一人の教員が赴任したことから始まった。その村上健先生は、オセロの全日本選手権大会で準優勝、日本代表で世界大会に出場することになっていた。

村上先生が副担任をしていた中学三年六組の生徒に、オセロの魅力を情熱的に語ったことから、五、六人の生徒が興味をかきたてられて創立した。

†図書館は創造的学習の場

麻布の施設、二〇一五年に落成した創立一二〇周年記念体育館が特筆すべき存在である。一階はアリーナ、二階はクラブ部室とシャワー室、三階はランニングコース、四階は人工芝のオムニコート二面、そして地下一階は柔道場と剣道場、多目的ルームという構造だ。ちなみに、麻布の選択必修は、柔道か剣道だ。

ただ、もっとも麻布らしいのは図書館ではないだろうか。創立一〇〇周年記念館（一九九五年落成）の二、三階に位置する図書館は、約七万七〇〇〇冊の蔵書、約六四〇〇点の視聴覚資料、約七〇誌の雑誌、七紙の新聞の購入など、さすがに充実の内容だ。それ以上にいいのは、抜群の居心地の良さ。寝転がることのできるソファのスペースなどが設置されている。蔵書には、ライトノベルからハードな専門書まで網羅され、「創造的学習の場」としてとても大事な施設だ。

ちなみに、私学の図書館の標準は蔵書約三万冊であり、私学の中でも麻布の図書館はトップクラスの質と量といえよう。

†麻布と渋谷教育学園

実は、渋谷教育学園幕張（千葉県、渋谷幕張）と渋谷教育学園渋谷（東京都、渋渋）などを擁する渋谷教育学園の理事長であり学園長の田村哲夫先生もまた、麻布の卒業生である。麻布の中高一貫教育スタートが一九四七年なので、四八年入学の田村先生はその二期生にあたる。渋谷教育学園の建学の精神「自調自考」（自らの手で調べ、自らの頭で考える）、そして同学園の自主性を重んじる校風には、麻布で学んだことが一部、継承されているのではないかと筆者は睨《にら》んでいる。

渋渋と渋谷幕張は、「駅前国際共学系」に分類できるものの、この分類の他校より、「学校」としての骨格がしっかりしている。国際交流や、主体的な学び、ＩＣＴの活用など、時代の変化に合わせた改革を行うものの、上滑りしていない堅実さがある。根底に生徒と先生の強い信頼関係があるのだろう。

田村先生は長く両校の校長を兼任していたが、渋渋の後任校長、高際伊都子先生は、新年度になると、しばらく校長室から出てこないそうだ。なんと、それは入学した中学一年生二〇〇名の顔と名前を懸命に覚えているから。渋谷教育学園の誠実さを示す好例であり、じつに私学らしいエピソードだと筆者は感じた。

†捜真女学校の校名は聖書から

幕末の開港以降、外国の入り口となった横浜。物流や文化の拠点として、そして宣教師たちもキリスト教伝道のため次々と来日した。彼らは布教活動の一環として、多くの学校を設立する。フェリス女学院、横浜共立学園などで、先進的な教育（女子教育）を実践した。それもあって、明治当初は日本の中等教育の最先端は横浜にあり、東京はじめ全国各地から見学や視察が多かったそうだ。

さて、その中で筆者が紹介したいのは捜真女学校だ。著名な卒業生は何人もいるが、たとえば作詞家の阿木燿子、作家の角田光代や中村うさぎなどは同校の出身である。同窓会のＨＰには以下の文章がある。

捜真時代の思い出といえば、卒業式の答辞である。ありきたりの綺麗事の答辞が嫌で、友人たちと一緒に「答辞委員会」を作り、私が原稿を書いた。内容は「こんな温室育ちの私たちが世の中に出て通用するのか」という不安を吐露したものだった。この本音の答辞は物議をかもし、卒業式の後で日野校長から呼び出され「あなたは自分の書いた答辞を10年後に後悔するでしょう」と言われたが、40年以上経った今でも全然後悔していない。だって捜真のキリスト教的世界観は本当に通用しなかったもん(笑)。

私は自分の中のいかにもキリスト教的な正義感とパターナリズムに悩まされたが、同時にそれらが私という人間の基礎部分を支えていたのは事実である。捜真は、良くも悪くも私の背骨であったのだ。

今までも、そしてこれからもずっと。

さすがの中村うさぎ、名文である。最後にリスペクトしているが、前半部分は、他の学校なら掲載しないであろう。このような学校側の懐の深さ、自由さ、寛容性。そこを理解して、鋭く切り込んでくる中村うさぎの天晴さも含めて。すべてが私学らしさであり、総じて捜真女学校の魅力だ。

私学は総じて生徒の自己肯定感を高めてくれる学校が多いが、特に捜真の生徒そして卒業生は己に芯をもって生きている人が多いというのが、教育雑誌編集者として同校を長年観察してきた筆者の実感である。前述の中村うさぎの文章に出てくる日野校長とは、一九七三年から一九八八年まで第七代校長、一九八八年から理事長・初代院長を務めた日野綾子先生のことで、筆者も中学受験に関わるようになって、その謦咳《けいがい》に接した。いつもニコニコ微笑んでいたのが印象的だった。卒業生からは「とても包容力のある方でした」と聞いた。いつも生徒を肯定してくれるからこそ、生徒たちは自信がついたのだ。捜真女学校は横浜の丘の上に位置するが、日野先生は、坂道を自分で登れなくなったら院長を退くとおっしゃっていたのをよく覚えている。

さて、布教にとって必要なのは、現地の人たちが理解できる「聖書」だ。一九世紀後半に来日した宣教師たちは、共同で、もしくは独力で、その翻訳に努めた。そんな中で、忠実に聖書を訳したのがネイサン・ブラウンだった。彼の聖書はわかりやすいように、万葉仮名、仮名文字を用い、固有名詞にローマ字を併記した。ネイサンの死後、一八八六年（明治一九年）に、横浜山手六七番の聖書印刷所二階でネイサンの妻、シャーロット・ブラウンが開いた学校が捜真女学校の始まりだ。

最初は「英和女学校」と名乗ったが、一八九一年（明治二四年）に山手三四番に新校舎を建設し（一九一〇年に現在の神奈川区中丸に移転）、校名を「捜真女学校」と決めた。「聖書の真理を捜し求めること」を意味している。

†キリスト教の包容力

第二代校長クララ・A・カンヴァースの時代。捜真の美術教員だった日本画家、小倉遊《おぐらゆ》亀《き》（一九八〇年文化勲章受章）が絵の勉強のために日曜礼拝へ行けないことを謝ったところ、「いいえ、あなたはスケッチしています。あなた、牡丹、描きます。牡丹は神様、あります。神様と会っています。心配しないでよろしい。神様をきれいに描いてください」とカンヴァース校長はこたえたという。感激した小倉は、懸命に絵を描こうと決心したそうだ。小倉は「自分はクリスチャンではないけれども、キリスト様を私の心に入れてくださったのは、カンヴァース先生だ。私が今日あるのは、キリスト様を心にいただいたから、葉っぱ一枚がやっと描けるようになりました」と述懐したそうだ。

前述した第七代校長の日野綾子先生は、カンヴァースから教えを受けた卒業生だった。歴代の卒業生が回想し、筆者も取材で感じた「日野先生の包容力」はカンヴァースから継承されていることがよくわかる。

捜真女学校では現在、学ぶ意味と自分の生き方を考え抜くという目的で、「捜真Vプロジェクト」という全教科型の取り組みを実施している。美術教育では、小倉遊亀以降の伝統を継承しつつ、新たなものへと発展している。例えば、中学二年で「作家についての調査を通じての探究的姿勢」、中学三年で「美術史の学習を通じての美術作品鑑賞の知識・思考」と、ベーシックな技術習得以外へと広がっているのだ。

捜真女学校の美術は、全体として自由な制作を楽しむことを求めているようだ。中学生はデッサン、立体、デザイン、水彩などの基本からスタートするが、独創的な作品が評価される。高校生は選択科目となるため、自由度はさらに高くなる。日本画に関しては、画材の扱いが難しいという事情もあり、他の画材で日本画の手法を用いることがよくあるという。関心が高い生徒には、日本画の画材で指導するケースもある。

†伝統が生まれるとき

世界的に高名な舞踏家の大野一雄は、戦後、捜真で定年退職まで体育教師を務めた。大野が指導した捜真のキリスト生誕劇のページェント（無言劇）は、いまも行われている。大野によって振り付けられたクリスマス礼拝の無言劇は、聖歌隊、ギター部、弦楽部が奏でるクリスマスの讃美に合わせて、イエスの誕生物語に登場する人々を演劇部が演じるもの。捜真の生徒が脈々と受け継いできた、年末を締めくくる大切な伝統行事なのだ。

カツ丼の創始者が捜真の先生だったというと驚かれるだろうか。一九二一年、早稲田高等学院の二年だった中西敬二郎が、カツ丼を考案したのである（ほかの説もある）。ともあれ中西の専門は西洋史。専攻はヘブライ文化で、想像を絶する勉強量で、英語、フランス語、ドイツ語、ギリシャ語、ヘブライ語などに精通していた。『早稲田大学八十年誌』という著書もある中西は、戦後の復興期に捜真の教頭を務めた。捜真でいまに続く古典芸能（文楽）鑑賞会を始めたのは、中西である。校内のユキホールで、文楽の観賞会は現在も行われているのだが、鑑賞するだけではなく、代表の生徒が太夫、太棹、人形づかいを体験できるところもポイントだ。

芸能からの連想で、歌手として活躍した卒業生の渡辺はま子のエピソードを紹介したい。渡辺は戦後、「あゝモンテンルパの夜は更けて」をレコード化し、フィリピンのモンテンルパ市の刑務所で慰問コンサートを開催した。フィリピン政府に日本人戦犯たちの減刑、釈放を嘆願し、当時のキリノ大統領がそれを決断したというエピソードがある。

じつは、歌手・渡辺はま子を生んだ「音楽」も捜真の特徴である。捜真では音楽が中高六年必修。捜真の生徒たちにとって歌はハモるもの。廊下は歌いながら歩くものというと大げさか。同校では、課外授業でパイプオルガンが学べる。チャペルのピアノはスタインウェイのフルコンDだ（ちなみに、スタインウェイがある私学は意外とある。神奈川だと聖光学院中学校高等学校、茨城の江戸川学園取手中学校・高等学校など）。

†高大接続に積極的

高大接続については、第三章で詳しく紹介するが、私立中高一貫校と別法人の大学が連携協定を締結する高大連携が進行している。捜真には、もともと「自分の生き方を考え抜く」という理念がある。それもあって、難関大学合格ではなく、自分の生き方を考えて大学の学部・学科を「捜そう」とする流れから、近年は多くの高大連携協定を締結している。具体的には東京女子大学、東洋英和女学院大学、明治学院大学、北里大学、神奈川大学、清泉女子大学で、出前授業や大学訪問のプログラムを実施し、学校推薦型の枠も有している。また連携協定校ではないものの、同じプロテスタント校である青山学院大学には二三名もの学校推薦型枠がある。

前述の麻布と比較すると、捜真女学校の偏差値は決して高くはない。二〇二三年日能研結果R４偏差値では麻布は六九。それに対して捜真女学校の一回目のA試験は結果R４偏差値は算出されていないが、二〇二四年用予想R4偏差値では三九。難易度だけで、学校の真価を判断してはいけないということだ。

†明星学園

続いて共学校の明星学園。こちらも非常に魅力的だが、難易度は高くはない。二〇二三年はデータ不足のため、日能研結果R4偏差値は算出されていないが、二〇二四年用予想R4偏差値では第一回のA試験は三五。だが、前述の麻布に決してひけをとらない魅力がある。

明星学園と筆者の出会いは、当時校長だった和田武久先生に『進学レーダー』の取材でインタビューしたところから始まる。あれは二〇〇三年だった。まず感じたのは「敷居の低さ」。同校は小・中学校と高校が少し離れた立地で、小・中学校長だった和田先生は井の頭キャンパスにいた。正門から入って右側が小学校、中央奥と左側が中学校。和田先生は昆虫が好きで、小学校で昆虫クラブを主宰しているお話や、学校内にビオトープを作った話など（中学校ではビオトープ研究会を主宰）、生徒との距離の近さをとても感じた。

明星学園は、それまで取材した私学と違っていた。なんというか「家」感がとてもあった。先生たちの手作り感が、そこかしこに満ちていたのだ。その後、和田先生をはじめ明星学園の先生方と懇意にさせていただき、頻繁にお邪魔するようになった。小学校の教室や図書館は子ども目線で設計されており、教室からすぐ外に出られるのも魅力だった。

一方、中学校は古いタイプの校舎だが、職員室がとても良かった。まるで村の分校の職員室のように、生徒がとても入って行きやすく、その意味でも麻布ととても似ている。職員室の隣の会議室でよく打ち合わせをしたが、冬に行くと、「食べますか？」と、みかんを差し出されたことも懐かしい。

明星学園は近隣（吉祥寺界隈）の文化人、芸能人の子どももいて、俳優やミュージシャンになった卒業生も少なくない。和田先生からも直接、教え子である杉田かおるや中村獅童の名前をうかがったことがある。ここで大事なのは、有名になった卒業生も地道に働いている卒業生も和田先生をはじめ先生方の対応はまったく変わらないことだ。

ある時、和田先生をはじめ、明星学園の先生方と吉祥寺で食事をした後、街を歩いていると、「先生！」と数人の若者たちが声をかけてきて、「おお、〇〇くん」と、すぐ和田先生たちが対応して話し始めたことがあった。後で聞くとよくあることで、明星学園の先生たちとつながっている卒業生が多いことがよくわかった。これも先生の異動がない私学の長所の一つだ。その時の和田先生の言葉が印象的だった。「明星の子は、人懐っこいのが特徴でね。どこへ行ってもうまくやれるんだ」と。いま考えると、これは上意下達の組織から、グループワーク中心の社会構造となったいま、非常に必要な力である。非認知スキルの一つだろう。このような特徴は、明星学園での自主性と共同作業を伴う教育のなかで培われている。

†幼い子たちの心の明星

第五章で少し詳しく紹介するが、東京の私学には成城学園（より正確には成城小学校）に端を発する自由主義教育の流れがある。一九二二年に秋田師範から、創立まもない私立成城小学校に幹事として転任した赤井米吉は、就任後に同校の経理の乱脈を立て直した。計画性のない思いつきの研究を戒め、生徒の自由を通り越した放埒《ほうらつ》を正し、父母の後援会への過度のご機嫌取りを是正する、というような積極的な勧告を出した。ところが教員たちから、赤井のやり方に対する非難の声が上がり、一九二四年二月末に罷免《ひめん》要求が出された。結局、成城小学校の小原國芳との角逐《かくちく》となり、両雄並び立たず、赤井は成城を去ることとなった。ちなみに、小原も後に成城を後にし、玉川学園を創立したのは有名だ。

しかし、赤井の新しい時代の教育、子どもたちの自発的学習を保持する教育への熱意は冷めることなく、別の学校の創立を考えた。そんな時、赤井は友人に井の頭公園南の麦畑へ案内される。穏やかな傾斜で南へと広がり、暖かい春の陽がぽかぽかと照り、陽炎がちらつき、学校建設にはうってつけの場所だった。そこで学校の創立を決意し、成城小学校の同僚、照井猪一郎・照井げん夫妻、山本徳行を創立同人として学園の建設を決める。

校名はいろいろと議論はあったものの、赤井が学校の敷地を見に行った帰りに、夕暮れの井の頭公園で美しい星の光に「なんだか初めて星を見るような心地がして」驚き、彼の頭に「明星」という言葉が浮かぶ。同人の賛成もあり、「明星学園」となったという。幼い子たちの明星、人類の憧れる理想の明星、それを慕って、それを見つけて伸びよう、登ろう、精進しよう……という意味を込めたという。一九二四年創立、一九二八年に上田八一郎が創立同人に加わり、旧制中学校と高等女学校を設立した。

†自発的学習の伝統は、いまも未来も輝く

明星学園は自発的学習の保持を大切にしているという。教育理念は「個性尊重」「自主自立」「自由平等」。各教科でも「自分で考える」「新しい知識と出あい、世界を広げる」

「ともに成長する」を大切にし、教科横断的な学習を実践している。特にすべての教科と横断的につながっている「総合探究科」では、中学一年で「哲学対話」「図書館と情報」、中学二年で「探究実践」、中学三年で「卒業研究」にたどりつくようになっている。この「卒業研究」が大学入試で近年拡大している総合型選抜に直結するため、明星学園の学びはさらに輝くと思われる。

明星には「木工・工芸」という週二時間の独自教科がある。木工は木という自然の素材に向き合う科目で、そこから昔の日本人の暮らしに一度戻り、自然環境も見ようという思いが込められている。中学一年では石製の印章と、それを入れる箱を木でつくるところから始まる。カンナやノミなど道具の使い方も学ぶ。中学二年では自分らしさを形にするコンセプトで「木の器」をつくり上げていく。中学三年では仲間と共同で椅子をつくるのだという。

「木」と対話しつつ仲間と作品を創り上げていくことで、協働性、独創性が培われる。まさに非認知スキルだ。ちなみに、木工室の隣には樹齢一〇〇年のプラタナスが生徒たちを見守っていて、明星学園のシンボリックな場所となっている。筆者も同校を訪れると、ここには必ず立ち寄る。静かな元気が立ちあがってくるパワースポットだ。やはり学校は環境がとても大切だと痛感する。

「工芸」では染織を学ぶ。糸を染めるところから始まり、織りの技法による作品づくりまで行うので、多くのことを学べる。

†成城大学と高大連携協定を締結

大学の学びに触れることを目的とした高大連携協定を、従来の明星学園は積極的には行っていなかったのだが、二〇二三年一月、成城大学との高大連携が発表された。

赤井米吉ら明星学園の創立者たちは、もとは成城学園で教えていた。特に成城学園の創立者・澤柳政太郎とは深い縁がある。明星学園は二〇二四年に創立一〇〇周年を迎えることもあって、連携協定が締結されたのだ。今後は、出前授業、大学訪問、そして学校推薦型選抜の枠も用意されることになる。

参考文献

麻布学園百年史編纂委員会『麻布学園の一〇〇年』学校法人麻布学園

第三章

変わる大学の価値、高大連携のメリット

中学受験を経て中高一貫校に入学すると、その先の節目は大学入試である。大学入試の動きと中学受験の動きは連動している。かつては大学入試の動向が中学受験に影響していたが、近年は逆の流れが見える。中学受験でのトレンドや親の意識の変化が、今後の大学の流れを予測する上で、大事な存在という見られ方をするようになった。そもそも大学進学を見据えて中学受験を考える保護者は多いし、少なくとも中学入試と大学入試、そして中高一貫校と大学は相互に影響を与え合う存在だ。

二〇二一年は大学入試改革初年度だった。予想された以上の、否、想定外の大きな変化が生じた。新型コロナウイルスの感染拡大が、大学を直撃したのだ。じつはコロナ禍は、大学の「真価」に迫るものだった。コロナ禍はまた中高一貫校にも多大な影響を与えた。この章では、大学入試改革の影響と、新型コロナウイルスによって、大学の何が暴かれたのか、「早慶上理、MARCH」の終わり、そして私立中高一貫校の「高大連携」などについて触れていくこととしよう。

†大学をめぐる大きな三つの動き

二〇一〇年代後半から、首都圏の中学入試の増加の背景には、大学をめぐる文部行政の変化の影響があったことを記しておく必要がある。大学入試に関する三つの動きである。

①大学定員の厳格化について

まず、大学定員の厳格化がある。都市部の大規模大学への学生集中を抑えるために、文科省は入学定員超過に対する私学助成金の交付基準を厳しくした。

二〇一五年までは、大学全体の定員が八〇〇〇名以上の大規模大学の場合、定員の一・二〇倍以上の新入生があると助成金が交付されなかった。それが一六年は一・一七倍以上、一七年は一・一四倍以上、そして一八年以降は一・一〇倍以上と、年々シビアになっていった。基準・審査方法は私学助成金とやや異なるものの、定員を一定数以上超えた場合、学部の新設なども認められなくなった。つまり、私学助成を受け、学部を新設したいならば、とりわけ大規模な大学は、定員を守り、合格者数を絞りこまねばならなくなったのだ。近年、私立大学の大学入試が厳しくなったのは、そういう背景もある。

②東京二三区の大学定員増は禁止

これは東京特有のものなのだが、政府は「地方創生」のため地方大学の入学者を増やそ

う と、二〇一七年六月に、東京二三区内の大学の定員増と大学新設を禁止する方針を打ち出した。文科省は、二〇一八、一九年の東京二三区内の私立大学の定員増の申請を認めなくなった。さらに政府は、その方針をより明確化するため一八年五月に「地方大学振興法」を制定、一八年から一〇年間、既に計画が決定しているものを除いて、二三区内での大学新設と定員増は認められなくなったのだ。

この措置は、私立大学が都心に大学を戻し、多くの受験生を集めたことが背景にある。例えば、東洋大学は二〇〇五年に朝霞キャンパスの文系学部一、二年生が白山キャンパスで学ぶようになったり、青山学院大学も厚木キャンパスを廃止して、相模原キャンパスを新設、そして一三年に文系学部の一、二年生はすべて青山キャンパスで学ぶようになったりなどだ。ただ、それまでに計画が出ていたもの、たとえば中央大学法学部の二〇二三年茗荷谷キャンパス移転、二〇二〇年の専修大学神田キャンパス10号館（140年記念館）などは当然適用されない。ただし、二〇二二年九月には東京都からこの抑制の見直し要望が出ている。定員抑制が学生の学びの機会を奪うだけではなく、大学の国際的な競争力を奪いかねないというのが理由だ。ちなみに二〇二三年六月に内閣府と文部科学省は東京二三区内の大学による情報系学部・学科の定員増を近く可能とするとの発表があった。

†受験生の混乱

③大学入試改革の混乱

大学入試改革の失敗についてだ。最初のこの入試改革の背景について記しておこう。そもそもは社会の変化を前提とした「学力の三要素」を多面的・総合的に判断する入試に転換する考えがあった。その三要素とは「知識・技能」「思考力・判断力・表現力」「主体性を持って多様な人々と協働して学ぶ態度」。学力三要素自体は、今後の社会を見据えた上では、非常に納得力がある。そしてこれを受けた具体的な改革を以下のA「表面的な改革」、B「より本質的な改革」の二つに分けまとめた。

A「表面的な改革」

従来の「大学入試センター試験」から「大学入学共通テスト」に。もとは、数学・国語の記述式問題導入、英語で四技能（「読む」「聞く」「話す」「書く」）評価のため民間試験活用が大きな変更点だったが、どちらも準備不足で、二〇一九年中に見送りが決定、その後二〇二一年七月に正式に導入が断念された。

B「より本質的な改革」

Aより重要なのは、入試区分の「比重の変化」だ。第一章で紹介したが、再度記しておく。名称は次のように変更された。

・一般入試 ↓ 一般選抜
・AO入試 ↓ 総合型選抜
・推薦入試 ↓ 学校推薦型選抜

このうち「総合型選抜」「学校推薦型選抜」は今後ますます拡大することが明らかになっている。その背景には、従来のAO入試で「第一志望」として入学した学生が、一般入試で入学した学生より、成績が伸びたからということもある。AO入試は「これまで何をやってきたか」「入学後に何をやりたいか」が問われるため、入学後に学生が目的を失いにくいという側面がある。

ちなみに、総合型選抜も学校推薦型選抜も、知識・技能を問う試験は課せられる。小論文、プレゼンテーション、口頭試問、実技、科目試験、資格・検定試験の成績、大学共通テストなどだ（国公立はほぼ大学共通テストが必要）。

そして調査書、推薦書、受験生本人が記す活動報告書などでも、それまで以上に「各教科でどう学んだか」や「クラブや留学・海外経験、ボランティアなどの経験」がしっかり問われる。さらに、プレゼンテーションや口頭試問では、「これから（大学入学後）何をどう学びたいか」も具体的に問われる。

当初、「総合型選抜」「学校推薦型選抜」は定着しないのではないかとの見方もあったが、実際、選抜に多様性を持たせる選択をする大学も目立ってきた。大学ごとにまだ差はあるものの、東日本ではより積極的に一般選抜以外の定員を増やす傾向が非常に強まっているのだ。第一章で紹介したように、東北大学、国際教養大学（ＡＩＵ）、筑波大学、慶應義塾大学湘南藤沢キャンパス（ＳＦＣ）の総合政策学部と環境情報学部、早稲田大学国際教養学部などはその比重が高い。ただし、西日本ではそれほど盛り上がっておらず、東西の大学入試における「感覚」が乖離しつつあるのも事実だ。

†二〇一〇年代後半の中学受験者増の背景

二〇一六年以降、首都圏の中学受験者数は増加を継続したが、その要因の一つは大学入試改革だった。保護者が大学入試改革に対して不安を感じ、しっかりと対応してくれる私立中高一貫校に向かったのだ。保護者の対応は、二種類に分かれる。
・大学系私学に向かった層
入試改革の先行きが不明瞭なので、大学系、すなわち内部進学率が高い付属校に向かった層。この層は多く、近年は大学系私学はブームとなっていた。
・進学校に向かった層
学校推薦型選抜や総合型選抜が拡大したとしても、私学の進学校はうまく対応してくれるだろうと信頼している保護者である。総合型選抜では、生徒が「中高でどう学び」「大学で何を学びたいか」が問われるため、中高が一貫している方が履歴は厚みを増す。まさに前述した「最近の中高六年間の流れ」での導きがとても役立つ。さらに、近年は進学校でも、併設大学を持つ大学系私学のように「大学の学びに直接触れる」ことができるように、高大連携が進展している。

†二〇二〇年以降の大学評価の変化

コロナ禍による臨時休校は、二〇二〇年五月半ばの時点で全国の国公私立の学校(保育園から大学まで)の八六%が休校を継続し、多くは六月一日からの再開となった(文科省)。

この年の卒業式や入学式がなくなってしまった生徒・学生がいたことは記憶に新しい。だが、この休校時の私学（私立中高一貫校）の取り組み（特にICT活用）は、目を見張るものがあったことは、すでに述べた。短期間でWEB上に、先生、生徒共有のプラットホームを整備し、課題のやりとり、動画配信、オンライン授業などを実施・拡充した。私学ではICT教育が一挙に五年分は進んだ感があった。

こうした目覚ましい動きを可能にしたのは、預かった生徒のためにともかく前に進んだ私学の先生方の熱意と、学校の予算を柔軟に運用できたこと、この二点につきる。当然、公立にも熱意ある先生方は多くいるが、私学のように、独自予算ですぐ動くことは原則無理なので、自由に動けなかったのだ。

未知のウイルスには、誰も正解を持たない。しかし、それゆえに常に最適解を考えつつ、必死で前進したことで、私学は生徒や保護者のあつい信頼を得ることとなった。

二〇二一年、二二年の入試も大きな混乱なく実施することができ、受験者数、受験率ともに上昇を続けたのは、混乱の状況の中で、私学は保護者の強い信頼を得て、中学受験人気の要因の一つとなったのだ。結果として、前述したように二〇二三年は過去最高の受験者数、受験率となっている。

それに対して大学はどうだったか。二〇二〇年四月段階で休校措置を取り、ICT活用を試みたところまでは同じだった。ただし、ICT対応は各大学で相当の格差が生じた。私立中高一貫校でも導入スピード等に差があったが、大学ほどではなかった。

大学における対応の格差は、技術的な点と内容的な点の両方で顕在化したが、いずれでも優位性を発揮し、学生たちの満足度が比較的高かったのは、国際教養系の大学だった。ほとんどの国際教養系大学は、コロナ流行前からICT化を進めていたので、アドバンテージがあった。海外の大学や研究機関とZoomなどの会議システムでつながる運用がすでに一般的だったのだ。そして、比較的小規模の大学が多く、チューートリアル（対話型）を重視しているので学生と心的な距離が近く、私立中高一貫校のように生徒に寄り添った対応ができた。

この時期に話を聞いた東京外国語大学の一年生は、一学期から「Zoom留学」をしていたそうだ。彼女はロシアとつながって、「毎日留学している」とうれしそうに話していた。東京外国語大学は、海外とつながるためICTに長けていたから緊急事態でも可能だったのだ。

ちなみに、ICT対応は大学の難易度とまったく相関しない。難易度の高い大学でも、ダメな大学はとことんダメだった。新しいことに取り組めない（取り組もうとしない）レジェンド教授や、大教室での一斉講義が中心のマンモス大学に多い印象があるが、動画があっても質が低い、技術的トラブルが頻発するなどして、たくさんの学生が落胆した。

ところで、なぜ中学受験専門の筆者が大学の情報を持っているのか疑問に思われるかもしれない。情報源は複数ルートがあるが、太いソースは二つある。

一つは「私学卒業生ルート」だ。私立中高一貫校は先生の異動がないため、卒業後も生徒はまるで「母校」を「母港」のように頻繁に戻ってくる。そのため私立中高一貫校に卒業生がもたらす大学のリアルな情報が、私学には潤沢に集まっているし、彼らは学校に手を貸してくれるのだ。たとえばコロナ禍当時オンライン説明会が花盛りだったが、早い段階でずいぶん手慣れたＺｏｏｍ説明会をやっている私学があった。実情を聞いたら、ＩＣＵに進学した卒業生が「普段から使っているから」とサポートしてくれたそうだ。

そしてもう一つが、「日能研ピアサポーター ルート」だ。「日能研」の各教室には、子どもの学びに寄り添う仲間・ピアサポーターがいる。その多くは日能研出身の大学生で、さまざまな形で、出身中高の情報を教室と子どもに伝えてくれるのだが、彼らは現役の大学生である。彼らがリアルな大学情報を伝えてくれるのだ。二〇二〇年冬に彼らに詳細なアンケートをとって生の声をいただいたことから、大学の現状がかなり伝わってきた。

†二〇二〇年六月以降予感した「大学の死」

不満はあっても、緊急事態宣言発令中は、多くの大学生が自分自身を納得させていた。しかし宣言が解除され、小中高、専門学校など続々と再開されたにもかかわらず、休校措置を続ける大学に対して、大学生たちの不満は高まった。この六月時点では、若者は重症化しにくいが感染を広げるリスクがあるという説明が声高に叫ばれていたこともあって、大学生たちはまだ我慢できていた。

しかし七月最初くらいに各大学が「秋以降も授業はオンラインを中心とする」と発表したあたりから、大学生の不満が爆発。「冗談じゃない」と怒り始めた。特に大学側が提示したその理由に激怒したのだ。

・大学は人数が多く、大教室で講義を行うので「三密」が生じやすい
・大学生は集まると騒ぐし、下校時にグループで飲酒するから
・広範囲から学生が通っているので
人数でいうならば、全校生徒が二〇〇〇人以上の中高一貫校もあるから理由にならない。

大学が工夫し教室を分け、分散登校すればいいだけだ。実際、私立中高一貫校はしばらく分散登校をしていた。

大学生は集まると騒ぐ、グループで飲酒するという説明に、怒りが爆発した学生は多かった。「騒がないで、授業終わったら帰宅して」と諭せば済む。大人の方が感染リスクを考えず、よほど酒を飲んでいる。「それほど私たちを信用できないのでしょうか」とは、筆者が話をしたある大学生の言葉。

通学範囲も理由にはならない。私立中高一貫校も、生徒は広域から集まっている。さらに、これには別の説明もあったことを覚えておきたい。「地方の学生にとっては、中途半端に通学を再開するより、オンラインを継続した方が、地方にいながら受講できて経済的に良い」。

このころの筆者は、大学が休校を続ける理由は、高齢のレジェンド教授たちの感染への恐怖だったと考えていた（今もそう思う）。ステイホームするなら高齢の、感染リスクが高い教授たちだろう、学生は大学に通い教授たちが自宅からオンライン講義をやればいいではないか。

ともあれ、大学の呆れた休校理由と大学生の実状のズレから、私は時代の変化、大学の死と再生を予感するようになった。秋になっても大都市圏の大学はオンライン中心の姿勢を変えなかったので、その予感は確信に変わった。というのも、かつてヨーロッパで大学が一度死を迎えたときと状況が酷似してきたからだ。

†大学の「死」とは

現代日本に生きる我々にとって、例えば「大学サバイバル時代」のような話を聞いても、大学という教育機関は恒久的、不変との感覚を抱きやすい。もちろん何年間も定員に満たず、募集停止にいたる大学はあるにしても、まだどこか他人事の感がある。

しかし長い大学史の中でとらえると、大学に完成形はなく、時代と共に大きく変化してきたことが見える。ヨーロッパ最古の総合大学と伝わるイタリアのボローニャ大学にはじまる「大学」は、一五世紀までにヨーロッパ各地で隆盛したが、一六世紀に一度衰亡した。その背景には、おおよそ以下の三つの要因があった。

①ステイ=留まる

もともと、中世に大学が隆盛した理由には「自由」があった。知識人たちはヨーロッパ各地の大学を遍歴し学んだ。研究者の共通語はラテン語、カリキュラムも共通のものが多かったので、自由に移動できた。だが、一六世紀の頃、各領邦の君主たちが功名心から大学を創立したのだが、教授の選定や教育内容を、大学創立者である領邦君主と官僚の管理下に置き、学生や教授の往来も制限するようになる。領邦内に「留まる＝ステイ」することを求め、移動の自由が失われたのだ。

②レジェンド＝伝説

領邦の統制が強まると、大学の取り組みや教育が硬直化していく。新しいことにチャレンジしないレジェンド化が進行した。レジェンドは、本来は偉業を達成したという肯定的な意味だったが、近年はかつて偉業を達成したせいで、その偉業にあぐらをかき、尊大になり、保守的になるという否定的な意味で使われる。特に大学では。「レジェンド教授」などと揶揄される。

③イノベーション＝技術革新

大学が没落する一方、一六世紀は情報革命が生じた時代である。グーテンベルクの印刷革命だ。「知」は大学にとどまることなく、印刷物となって拡散し、広く世界を変える「技術革新＝イノベーション」となった。

当時のヨーロッパの状況はコロナ禍にあった日本にとても似ているように感じている。当然のことながら時代も社会状況も違いすぎるので同一視はできないが、大学がステイ（移動制限）を強い、硬直化した授業内容と教授のレジェンド化が進行する一方で、世界ではイノベーション（ICT革命など）が生じている。

日本の大学、いや世界の大学も同様に、衰退の道を突き進んでいるように見えるのだ。受験生や就職活動で評価されてきた序列（早慶上理とかMARCHとか）といっても、せいぜいここ数十年の枠組みでしかない。旧帝大ですら、一五〇年に満たない程度の歴史しかない（東京大学の設立は一八七七年）。長い大学史から見れば一瞬だ。評価や名声は、変わるときにあっという間に変わるものだ。

†一九世紀、大学復活のポイントは「ゼミ」だった

大学衰退後の復活についても、歴史は教えてくれる。一六世紀に大学が衰退した際の代替の教育機関が、専門学校やアカデミー、教団が設立した学校であった。なかでもイエズス会の諸学校は強い革新性があった。同会は布教の一環として教育・学問に熱心だったが、

一六世紀末、アジア布教の際に同会のマテオ・リッチが、中国の科挙制度の中に「競争」を発見。イエズス会のコレージュ（中等教育機関）に徹底した競争の原理を持ち込んだ。日本でイエズス会が運営する上智大学や栄光学園中学高等学校（神奈川・鎌倉市）などの隆盛をみれば、その教育がよく理解できる。

時代は下り一九世紀初頭、大学はドイツで復活する。それはベルリン大学での、「フンボルト（政治家・言語学者・教育者）」革命である。その最大の変化は、大学が知識伝達の場だけではなく、いかに知識を得、いかに活用するかを学ぶ場に変わったことだ。そして発明されたのが「ゼミナール」であった。ゼミナールでは、演習と論文指導が行われ、現在の大学の基本形が出来上がった。

「ゼミナール」とは、指導教官の意見をただ聞くだけではなく、同じゼミナールの仲間とも対話を行い、そこから解決策を探し、ゼミナール全員が向上していく「シナジー」（相乗効果）が生じる。

この「仲間とともに」が大きなポイントだ。余談だが、お茶の水女子大学の総合型選抜は、このフンボルトに敬意を表した「新フンボルト入試」を実施している。

†対面、対話を重視する大学が生き残る

つまり、「コロナ」以降の大学で、価値が見直され重視されるようになったのは、大学生を大事にすること。学生同士、教授と学生の「対面、対話」の重視だ。実際、このことを理解している大学は少なくなかった。ただし問題は、掲げるだけではなく、本当に実践しているかだ。

コロナ禍にあっても、感染を防止しつつ、対面（リアル）をどれだけ取り入れられたかが評価につながった。一例をあげよう。その最適解を出した大学の一つが、桜美林大学だった。リベラルアーツでもある同大学は、二〇二〇年九月の段階で「桜美林大学コミュニティ・スタンダード」を公開した。桜美林大学のHPによると、「オンラインによる授業形式を準備しつつ、感染防止の条件を満たせる場合には各授業単位で対面授業も可能にするという方針」のもと、「キャンパスへの入構制限を解除し、キャンパス内でのオンライン受講も可能」にしたのだ。「(1) オンライン授業、(2) 数回の対面授業を含むオンライン授業、(3) 完全な対面授業」のいずれかが示され、学生は自分の置かれた状況に応じ授業を選択できるのだ。対話で行う教育も大事といいつつ、実際はほぼオンライン授業ばかり

の難関大学も多かったなか、英断といえるのではないだろうか。

一方で「オンラインでも十分に対話型授業ができる」「むしろ対面よりも長所がある」という意見も当時は根強かった。コロナが収束した後でふり返れば、この意見はあまり賛同を得られなくなった。筆者は当時からこの考えは間違っていると主張し、次のようにたとえていた。「オンライン授業はレトルトカレー」。レトルトカレーはおいしいのだが、カレー専門店にくる客は、カレーを食べるためだけに来店するのだろうか。本格派の店ならばなおさらである。学びたいことがあり憧れた大学で、授業もキャンパスも友人関係も、味わい尽くすために入学しているのだ。

大学生たちは授業や講義だけで学んでいるのではない。大学で世界を広げることがとても大事なのだ。授業の合間に友人と他愛ない会話をする時間も人生経験である。予想しなかったような人と知り合い、生涯の友人や恩師に出会えるもしれない。そんな偶然性こそ、リアルの真骨頂だ。ネット書店と街の書店での書籍購入、電子図書館と大学図書館の比較になぞらえることができる。WEBは目的のものを買ったり、類書を捜したりするのに便利だが、リアルな書店や図書館のような偶然性はほぼない（購入データから傾向を分析された「お薦め」は表示される）。

昨今では、そうした偶然性を得られなかった緊急事態宣言期の大学生のコミュニケーション力を不安視する声が出始めているが、今後どうなるだろうか。ただ、いずれにしても、今回のコロナ禍で、大学の「真価」が何かが鮮明になったことは間違いない。

†難易度切りの大学序列は終わるのか

コロナ禍はその後も断続的に続いたが、その時々の大学の対応には、かなりばらつきがあった。そして、筆者が大学生から直接聞いた話と、大学が発表した対応に乖離《かいり》があると感じたことも少なくない（以下に取り上げる「評価」は、先述の情報源ルートから筆者が感じた大学生からのもので、入学前の大学受験生からの評価や入試の難易度ではない）。

早稲田大学は対面授業を増やすべく対応しているとされていたが、在学生たち、特に文系の学生たちからは不満の声をたくさん聞いた。早稲田は、私立大学の代表的存在としてマスコミに登場しやすく、そこで語られる公式発表と、彼らが感じていることの落差から か、嫌悪感を露わにした学生も少なくなかった。マスコミ関係者に早稲田出身者が多いというのもあるだろうし、単純に学生数が多いため不満の数も増えるという側面があることは否定しない。

慶應義塾大学も、筆者が話を聞いたりアンケートに寄せられた在学生の評価は高くなかったが、学部間の差が大きかった。いち早く対面を復活させた理系学部は評価されていた（これは早稲田も同じ）。早慶上理のなかで、東京理科大学がひときわ評価が高かったのも同様である。

MARCHでは、二〇二〇年春の休校対応が始まったばかりの頃は、筆者が聞いたところによると、青山学院大学の評価が低く、学生たちは「青山通信大学」と酷評《こくひょう》していたほどだった。明治大学も学生たちの評価は高くはなかったが、コロナ前に評価が高かった大学はその反動も少なくなかったということが考えられる。

総じて見ると、難易度が上昇傾向だった都心の大規模私大が、大学生からの評価を下げた傾向にある。それまでブランド力がある人気大学は、未来永劫続くかのように見えたが、コロナ禍によってその脆弱性が露わになってしまったということだろう。

規模が大きく、学生数・教員数ともに多いために、迅速なコロナ対応がしにくかったという事情はある。ただし、規模が大きい帝京大学や東海大学はキャンパスの多くが郊外に位置していたことも影響して、難関私大と比較して学生の信頼を得ていたことも目立った。つまり、偏差値が高く、難易度が高ければ優れた対応ができるわけでもないことが露呈したのだ。

結果として、これまで人気大学を判断する上での「早慶上理」、「ＭＡＲＣＨ」、「日東駒専」というような枠組みは、大学を評価する目安としての意味が薄まった。もっと言うと、「このカテゴリーは一体何の意味があるのだろうか。単に難易度だけではないか？」と根本的なところに気がついた人が増えた。

時代は確実に変化しようとしている。ただ一方で、相変わらずこの「難易度による枠組み」を愛している層は存在する。雑誌やメディアの一部もこの枠組みが大好きで、経済誌などでは相変わらず「早稲田」「慶應」「ＭＡＲＣＨ」特集も組まれている。ゆえにこのような枠組みが完全に終わるまでには相当の時間がかかるだろう。

ある大学生が呟いた一言が、筆者の心に残っている。「行けない難関大学より、行ける中堅大学」。蓋《けだ》し名言ではないか。「学生のことを誠実に考えてくれ、対話型授業を大事にする大学」こそが、今後評価を高めていくのは間違いないと筆者は確信している。

余談だが、ＭＡＲＣＨという括りは、受験雑誌『螢雪時代』の代田恭之編集長が、一九六〇年代に考案したとされる。筆者もＳＭＡＲＴ（上智〈Ｓｏｐｈｉａ〉、明治、青山学院、立教、東京理科大）というのを考えて一部に広まったが、ここまで記してきたように、そういうカテゴリー分けの時代ではないと思いなおして使用を止めた。MARCHに学習院を入れてGMARCHというのもあるが、学習院卒の家族がいる民間教育研究所が考案し広めたものだ。筆者が懇意にしている日本大学本部（当時）のYさんが、「Nを入れてMARCHNG（マーチング）にして」と主張したが、残念ながら広まらなかった。

†中学受験では、大学系私学人気から進学校人気へシフト

前に記したように、大学入試改革に対する不安から、中学受験では大学系私学に向かった層と進学校に向かった層がいたが、二〇二〇年入試までは「大学系私学」の方が高い人気となっていた。改革の全貌が見えなかったので、大学への進路が保障されている付属校が安心だった。ここに示したのは早稲田、慶應義塾、MARCH系の付属校の二〇二三年の内部進学率の表。早稲田中学校・高等学校など一部の例外はあるものの、内進率は高くなっている。

ただ、二〇二一年入試以降は、中学受験トレンドが徐々に変化してきた。大学系私学から、進学校へのシフトである。この背景には、前述したような大学のコロナ禍での休校対応の影響、「〇〇大学卒業だから」だけでは社会で評価されにくくなってきている側面が強まったこと、そして大学評価が変動期に入ったからということがある。「むしろ変化に柔軟に対応できそうな進学校」という流れが強まっているのだ。

また、併設大学への内部進学率はそれほど高くはないものの、併設大学を通して、「大

2023年内進率

●慶應義塾高校	98.2%
○慶應女子高校	95.4%
◎慶應義塾湘南藤沢	99.6%
●早稲田	48.6%
●早稲田大学高等学院	100.0%
◎早稲田実業学校	95.2%
●明治大学付属中野	80.0%
◎明治大中野八王子	88.7%
◎明治大学付属明治	87.8%
◎青山学院	86.8%
◎青山学院横浜英和	58.4%
●立教池袋	88.9%
●立教新座	82.5%
○立教女学院	65.9%
○香蘭女学校（立教大学へ）	59.9%
◎中央大学附属	83.3%
◎中央大学附属横浜	68.8%
◎法政大学	87.5%
◎法政大学第二	87.3%

●男子校○女子校◎共学校

学の学び」を体験でき、同時に進学校としての魅力を兼ね備える「ハイブリッド私学」は人気が高い。

早稲田中高などはその典型例で、早稲田大学の学校推薦型選抜を五割以上有しているが（一学年三〇〇名中、一六七名程度）、その枠を使い切ることはない。残りの生徒は東京大学（二〇二三年にも東大に現役で三一名、うち学校推薦型三名というすごさ）をはじめ、他大学に進学する進学校的側面を強く有していて、そこも同校の人気のポイントだ。

また、近年、日本大学の付属校が安定した人気を維持している。二〇二一年には前の理事長が逮捕される事件があったにもかかわらずだ。二〇二三年のアメフト部大麻事件の影響は、本書執筆時点で不明だが、日大の付属校人気の背景には、ハイブリッド私学化が進行していること（日本大学高等学校・中学校など）と、日本大学が一六学部八七学科を擁するマンモス大学であること、の二つの理由が考えられる。日大は、あらゆる専門領域を網羅するスケールメリットがあるからだ。生徒たちの「学びたいこと」に対応できる日大の「総合性」が高く評価されている。

†「高大連携」により、大学の真実が見える！

さて、大学系私学の場合、大学と付属中高のキャンパスが隣接していたり、すごく近くの場合、その物理的な利点から高大接続・連携がスムースに進行する。大学の先生が付属中高に来て授業を行う「出前授業」やオープンキャンパスの特別プログラムに便利ということ以外にも、部活動の交流や施設の共有で、中高生が大学生活を身近に感じることができる。

従来は、このような機能は進学校にはなかった（併設大学がないから当然だ）が、近年急速に進行しているのが、法人の異なる大学との教育連携だ。その目的は、大学系私学と同様に、「大学という存在に触ることができる」こと。では連携によって何が行われるのかというと、当初は以下のように①から④だったが、最近は⑤が重要になってきた。

① 大学からの出前授業

連携している大学の教授による連携先の中高での授業や大学職員によるガイダンスなど。テレビ会議システムなどを使用してのバーチャルな場合もある。

② 大学訪問

連携先の私立の中高の生徒たちが大学訪問する際に、オープンキャンパスでの便宜（連携先の中高生だけを対象にした講座の用意など）、特別訪問会の設置、大学の実験・実習・授業へ参加できるなど。

③ 大学生の派遣

①の出前事業と近いが、こちらは大学生が連携先中高へ派遣される。大学生と中高生との共同プロジェクトを実施することもある。大学サイドからすれば、学生のインターンシップを兼ねる場合もある。

④ 共同研究

連携している大学と教育面での共同研究を推進する場合がある。教育学部系などで行われる。

⑤ 中高生の探究と論文作成のサポート

大学での実験・実習・授業への参加等。近年理工系大学との連携が増えているが、中高の施設で難しい大学での実験・実習に参加が可能となる。これを中高の「探究」に役立てたり、中高生の研究（論文作成）を大学に手伝ってもらい、大学入試での総合型選抜につなげることも今後増加する。連携大学だけでなく他大学の総合型選抜等で、その研究や探究の成果の使用も可。

さて、高大連携で肝心なのは、推薦入学の「枠」が必ずしもあるとは限らないこと。つまり、連携先の私学の生徒が、大学の学びに触れ、理解できるかどうかである。もし興味を持ち、その大学を志望するなら、総合型選抜や一般選抜で頑張って、連携大学に入学するという流れだ。ほとんどの場合、総合型選抜なら、その大学に事前に触れているわけだから、面接や小論文、そしてプレゼンテーションなどの際に有利になる。

もちろん学校推薦型選抜の枠が用意されれば、高大連携があるメリットは強い。かつての指定校推薦のように「評定平均値が足りていたから」というだけの理由で推薦を受けたのはいいが、入学後に「思っていた大学と違った」というような、不幸なミスマッチになりにくいからである。

私学の高大連携は、近年相当増加している。二〇二二年六月に筆者らが調査した段階では、首都圏で四〇校だったが、二〇二三年一〇月時点では、首都圏だけでも八二校に増加した。最近は、東京理科大学（湘南白百合学園、富士見）、芝浦工業大学（山脇学園、埼玉栄、栄東など）や杏林大学（国学院久我山）、順天堂大学（吉祥女子、北豊島）など理工系大学の連携が非常に目立つ。

男子校では、高大連携がこれまではあまり見られなかったが、芝中学校・高等学校と東京慈恵会医科大学の連携のように動きが出てきた。じつは二〇二一年一〇月に連携協定は締結されていたが、新型コロナウイルスの感染拡大で調印式が延期され、二〇二二年七月に調印式が実施されたのだった。

高大連携の流れは首都圏の中高と関東の大学だけとは限らなくなっている。

たとえば、神田女学園は大阪女学院大学、北海道医療大学、さらにはオーストラリアのマッコーリー大学とも連携している。またテンプル大学が昭和女子大学内に移転して高い人気となっている（後述）が、高大連携にも積極的で、中村などと連携している。

地方の私学の高大連携については、残念ながら今回十分な調査を行えていないが、大阪の香里ヌヴェール学院は、海外の大学や、東京農業大学と連携している。なお、東京農業大学は今後首都圏の私立中高一貫校と多く連携を開始していく予定だ。盛岡白百合学園は岩手県立大学と高大連携協定を締結している。このように日本中さらには世界中の大学と私学の高大連携は、今後いっそう拡大していきそうだ。

ここで大きなポイントがある。ＭＡＲＣＨや早慶が高大連携をあまり行っていないことだ。理由はさまざまあるだろうが、早慶では、近年は大学全体としての動きはむしろ見えなくなっており、各学部が独自に動いている気配が強いので、今後は各学部ごとの連携はあり得るのではないだろうか。

一方、ＭＡＲＣＨの多くは「高大連携をしなくても大丈夫」と考えているように見える（全部ではないが）。これはとても危ないと筆者は考える。前述のように、理工系大学、教養系大学、国際系大学などがその特徴を生かして高大連携を推進している。そうなると、中高時代にそれらのキャンパスを訪れて大学の教育課程を理解し、施設を見るようになる。すると、ＭＡＲＣＨが色あせて見えてしまうのではないか。特にＭＡＲＣＨは文系学部が中心ということもあり、理系学部は、いわゆる東芝電工（東京都市大学・芝浦工業大学・東京電機大学・工学院大学）や東京農業大学の施設・教育内容と比較すると、控えめに言ってもそれほど優位性を発揮できないだろう。

高大連携は、大学の評価を難易度中心から研究中心に切り替えていく、劇的な効果があるのではないだろうか。この点からも筆者は、ＭＡＲＣＨなど大学の括りが終焉に近づいていると考える。もちろん、ＭＡＲＣＨには素晴らしい学びがあるし、その学びに憧れて志望するのは大賛成だが、自分のやりたいことをよくよく考えずに「MARCHなら入っておけば大丈夫だろう」と思って入学するのはやめた方がよい。筆者はこういう大学の選び方を「うすらぼんやりMARCH」と呼び、警鐘を鳴らしている。

なお、本章では医学部に関して触れていないが、第四章「医学部入試に特化した勉強？」でその是非を紹介したい。

†海外大学とダブルディグリー

コロナ禍であっても、海外大学への進学志向が下がることはなかった。もともと海外大学に強かった私学が、その傾向を伸長させたのだ。所定の手続きさえ踏めば、留学を受け入れる国はコロナ禍でも少なくなく、長期留学しようと考える生徒たちにとって、二週間前後（二〇二〇年当時）の隔離期間などあまり関係なかった。また、もともと海外大学へ進学しようと思っていた生徒たちは志を変えなかった。

いずれにしても海外大学志向は、コロナ禍前から高まっていたので、コロナ騒動の収束以降はそれまで以上に海外大学を目指す動きが高まった。世界の大学が視野に入ったという意味でも、日本の大学への評価は、今後さらに多様化するのが必至だ。

近年は、日本の大学に通いつつ、海外大学の学位（ディグリー）も取得できる仕組みが定着しつつある。首都圏で人気を集めているのが昭和女子大学と武蔵大学だ。

昭和女子大学は、キャンパス内に米国ペンシルベニア州立テンプル大学ジャパンキャンパスが移転してきた（二〇一九年）ことから、ダブルディグリーで、国内にいながらテンプル大学の学位も取れるようになった。昭和女子大学で三年間、敷地内のテンプル大学に二年間の合計五年間で、両大学の学位取得を目指すのである。

ところで、昭和女子大学の附属昭和中学校・高等学校には「五修生制度」がある。これは中高六年分の課程を高校二年までに終え、高校三年生から昭和女子大学の大学一年生として学ぶ制度だ。ほんの少し前までの日本では「女子は短大に行くのがいい」とされていた。いまもなくなったわけではないが女性への就職差別がもっと露骨だった時代、女性が社会で働く際は「若さ」が求められ、なおかつ結婚退社（寿退社）が常識とされていた。四大卒は敬遠されたのだ。その時代に、女性も四大に進学できるチャンスを創り上げた同校のオリジナル制度だ。つまり、この「五修制度」を活用すれば、二二歳でダブルディグリーを修了することが可能なのである。テンプル大学とのダブルディグリーの場合は、昭和女子大学と同じ三軒茶屋のキャンパスのため渡航費や滞在費用がかからず、昭和女子大学の学費年間約一二〇万円にテンプル大学の費用約五〇万円を足すだけなので、経済的な魅力も大きい（二〇二三年度）。

なお海外留学は必要になるが、昭和女子大はほかにも、上海交通大学（中国）、ソウル女子大学校（韓国）、淑明女子大学校（韓国）、オーストラリアのクイーンズランド大学などと、ダブルディグリー・プログラムを実施している。

武蔵大学は、二〇一五年からロンドン大学の学位を取得できるパラレルディグリープログラムを展開している。イギリスに留学せず、武蔵大学の江古田にあるキャンパスで取得できるので、「パラレル」ディグリーと呼ぶ。もともとは経済学部で始まったプログラムだが、二〇二二年に新設した国際教養学部のプログラムとなった。

このプログラムの優れたところは、該当学部に入学した学生の希望者全員にエントリー権があること。もちろんハードなプログラムなので途中でやめる学生もいるが、その場合でも武蔵大学の学位は普通にやっていれば取得できる。途中で挑戦をやめたとしても、その時点までに学んだことは決して無駄ではない。

関西にもダブルディグリーを展開している大学はあるが、いまのところ人気があるといえないのは、最初からダブルディグリーコースとして募集しているためだと思われる。希望者でなければ関係がないプログラムである。そしてなにより費用が高いためだろう。

武蔵大学の場合は、同大学の学費が一年間で約一三〇万円。それにパラレルディグリーの費用が四年間で約一五〇万円ほどかかる（二〇二三年現在）。もちろん、安くはないが、ロンドンへ留学するより格段に安い。なお、取得率に関しては二〇二一年には三期生一〇名、二〇二二年以降も武蔵大学に通いつつ、ロンドン大学の学位を二ケタの学生が取得し、完全に安定期に入ってきた。

併設されている武蔵高等学校中学校の高校生もこのロンドン大学の「基礎教育プログラム」に参加することができるようになり、この取得した単位は、イギリスの他の大学進学に使用することができるようになった。このような高大連携は麻布や開成にはできない、武蔵の強みとなった。

ダブルディグリーやパラレルディグリーの卒業生たちの就職は、極めて良好なようだ。特に外資系、金融系、ＩＴ系などで抜群の強さを誇り、決して早慶などにひけをとらないという。

†美大系の中高一貫校が人気

就職の良さということと、社会で活躍できるということで、近年強烈に注目されているのが美術大学だ。古いイメージで美術・芸術系に、なんとなく「世捨て人」のような印象を抱く保護者がいるかもしれないが、近年大きく変化した。第一章で紹介したように、働き方は「プロジェクト型」「チーム型」に変化してきているが、その中で美大卒業生は、大きく活躍できる豊かな素地を持っていることが社会で理解されてきた。

どんなに優れた芸術作品をつくっても、それが人々にまったく支持されなければ美術作品は歴史に残らない。というか、そもそも優れた作品かどうかさえわからない。ゆえに優れた芸術家は、プレゼンテーション力も極めて高い。岡本太郎しかり、ピカソしかり。ゴッホのプレゼン力は低かったが、弟のテオがお兄ちゃん思いの画商だったからいまに残っている。さらに、美大ではグループで作品をつくることも多いため、協働力もある。そして何より独創性がある。まさにいまの社会に必要なものが、美大にあるのだ。

私立美大は大学パンフレットや入試説明会などでも、就職の良さを強くアピールしている。実際、デザイン系、広告代理店などだ。建築系の学生はゼネコンなど企業から引く手数多である（それもかなり優良な企業から）。そして私立美大のデザイン科や建築科などに、デッサンの実技試験を課さない入試もあって、受験者の裾野を広げる理由になっている。

音楽家養成にこだわりすぎたため、衰亡の危機にある音大とは彼我の差が出てしまった。

中学受験で、美術系に強い私学の人気が高いのは、こうした理由がある。例えば吉祥女子は高校二年のコース選択に、文系理系の他に芸術系が設置されている。女子美術大学付属高等学校・中学校（東京・杉並区）も高い人気だ。第二章で紹介した明星学園の人気には、優れた美術教育を実施していることもある。

長崎日本大学高等学校・中学校（諫早市）は、高校からデザイン美術科を有していて、優れた実績を出しているが、学校側は意図的にデザイン美術科の隣に中高一貫コースを設置した。中高一貫生とデザイン美術科双方が刺激を受けられるようにしている。素晴らしい仕掛けではないだろうか。

†世界も社会も、そして大学も変化する

この章を締めくくるにあたって、簡単にまとめておきたい。これまでは東大、「早慶上智」「MARCH」などの合格率、付属校の場合は内部進学率で中学受験の志望校が選ばれてきたことは否定できない。しかし変化の時代である。これからは大学入試も、一般選抜ではなく、「大学入学後に何をしたいか」を問われる総合型選抜と、学校推薦型選抜の

ボリュームが大きくなっていく。大学の授業内容もあり方も変化していく。「難関大学に入れれば良い」という視点からの選び方だけではなく、中高六年間の中で「何を学びたいのか」という視点から、大学選び、いや学部・学科選びから始めていくべきだろう。

参考文献

吉見俊哉『大学とは何か』（岩波新書）
クリストフ・シャルル／ジャック・ヴェルジュ『大学の歴史』（白水社、文庫クセジュ）

本章の一部に、サンデー毎日所収の筆者執筆の記事「コロナでも生き残る大学5選」（二〇二〇年一一月八日号）を改稿のうえ使用しました

第四章

中学受験のトレンドと問題点

中学受験のトレンドはめまぐるしく変動する。改革が奏功して志願者を激増させた私学がある一方、改革の度が過ぎて、またはその方向性を勘違いして問題が生じた私学もある。この章では、そうした私立中高一貫校の改革を見ていく。そして入学後の通塾問題や、この二〇年間で存在感を増した公立中高一貫校について、筆者なりの考えを述べたい。

†男女別学を共学化

男女別学には強い意義があり、いまでも大きな価値があると筆者は確信している。もちろん個人差があるのは承知の上だが、男子は概して自己肯定感が強い（自己肯定感を強く持つよう教育される）のに対して、自分を客観視する「メタ認知」が弱い。反対に、女子は比較的「メタ認知」が卓越しているのに対して、「自己肯定感」が弱いことがあるように思う。

伝統校、具体的には戦前までに創立した私学の多くは、別学（男子校・女子校）でスタートしている。封建社会だった江戸時代までは、男女が置かれた社会的な立場に明確な違いがあったが、明治以降創立、特に女子校は、女子教育の立ち遅れの問題を自覚して、女性が自由に学べる場として開校されることが多かった。

一方、戦後になると、多くの私学は最初から男女共学としてスタートしている。制度としては欧米のリベラルな思想的影響が少なくないはずなのだが、しかし現実はどうだろうか。戦後もおよそ八〇年、二一世紀も四分の一が過ぎようとしているのに、この日本では、いまだに社会的立場や活躍の状況が男女平等とはいえないのだ。

さて最近は、伝統ある別学の中高に、共学化へ踏み切った学校が少なくない。共学化すれば、受験生が倍になると単純にはいえないまでも、実際に応募者数を増やしたい、人気を高めたいという理由で、募集に困った学校が共学に切り替えている場合もあるから、受験生や保護者は注意が必要だ。

共学化に向けて、学校内部では、創立時の理念を継承できるかどうか大きな議論になることがある。議論の結果として、共学化に踏み切らなかった私学もあるが、「時代の趨勢により」や、「男女別学としての役割は果たした」などとして、新たな理念を上書きしたり、理念の中で男女別学とは関係性の少ないところをピックアップしてつなごうとする流れがある。

なお、大学付属の場合は、大学側が共学化を求めるということもある。法政大学や明治大学の付属校の多くは、現在は共学校でもかつては男子校だった。最近の首都圏の例では、二〇〇七年に法政大学第一中学・高等学校が校地移転とともに男子校から共学化し、法政大学中学高等学校（東京・三鷹市）になった。二〇〇八年には明治大学付属明治高等学校・中学校が校地を移転（東京・調布市）し男子校から共学校に、二〇一六年には法政大学第二中学・高等学校（神奈川・川崎市）が男子校から共学校になった。

もともと男子校だった場合は、共学化しても、創立の理念が変更されないことが多い。市川学園市川中学・高等学校（千葉・市川市）は、一九三七年に男子校として創立されたが、二〇〇三年に共学校となった（中学校。高校は二〇〇六年より）。同校の理念は「独自無双の人間観」（人間はかけがえのないもの）、「よく見れば精神」（一人一人をよく見る）、「第三教育」（親からの教育が第一教育、学校での教師からの教育が第二教育、自分自身による教育が第三教育で、やがては第三教育だけが残るので大事）などと、共学としても不都合ないものばかりである。

一方、女子校が共学化するときには、校名を変更せざるを得ない場合が多い。たとえば一九〇三年創立の「かえつ有明中学校・高等学校」（東京・江東区）は、一九〇三年に日本初の女子商業学校として始まり、私立日本女子商業学校、日本女子商業学校などの校名を経て、一九五二年「嘉悦女子中学校・高等学校」となった。その後江東区からの誘致もあり、二〇〇六年に千代田区富士見のキャンパスを法政大学に譲渡して、現在の場所に移転、共学校となる際に学校名を変更した。

しかし、かえつ有明は創立時の校訓「怒るな働け」を堅持している。創立者・嘉悦孝（孝子とも）の著作の書名からとられている。「これからの日本の女子教育は、単に教養を高めるだけにとどまってはならない」「知識・技能をしっかり身につけ、家庭にあっても、社会にあっても積極的に事態を好転させる意気と実力をもたなくてはならない。その力もなく意欲もなく徒らに不平不満の心をいだくのみでは、脱落の道を急ぐに等しい」と述べたものである。

共学になっても創立者の精神を大事にしていこうという同校の姿勢に、筆者は、重大な意義を見出している。

†成績別のコース分け

進学実績を上げるために、特別進学コース（特進コース）をつくり、「一般・普通コース」と分割するのは、もともと私立高校でよく取られていた方法だ。難関大学現役合格者数を高らかに謳い、広報活動として、入学試験の偏差値を高めに設定するよう模試関係者に依頼する。従来、首都圏の中学ではあまり取られていなかったが、現在では一部の私立中高一貫校の中学部でもそれを売りにしている。結論からいえば、筆者は、そのような成績順のコース別編成は反対だ。

まず、残念ながら思ったほどその効果はない。筆者は編集者として毎年、学校ごとの大学合格実績データを作成しているのだが、いわゆる難関大学で高い合格実績を上げている私学に、特進コースをもっている学校はとても少ない。もちろん、コース別を取る私学からも、東京大学で一定数の現役合格者を出すこともあるが、同じくらいの偏差値の進学校に比べて、それほど高い実績というわけでもない。さらに、そういう学校は上位クラスだけで実績を出しているわけではないから、ますますコース別編成の意味は薄くなる。

ただ一方で、特進コースを設置したことで、学校全体の雰囲気が高まるということはある。そうして、ある一定の成果が出た段階で、コースを統合する。つまり、コース別は学校が成長していく上での過程「暫定的なコース別編成」だったということだ。東京・墨田区の安田学園中学校・高等学校（二〇一四年より共学）は、「先進コース」「総合コース」の二コース制だったが、二〇二三年より「総合」を廃止し、「先進」に一本化した。

コース別編成の弊害として、「特進」で実績を上げるために、特定の先生を配置しがちで、「一般・普通コース」は二の次となることがある。先生の質が揃っていれば良いが、生徒の評判が高い、実績のある先生は特進に配属されがちで、そうなると、いびつな組織になる。さらに重大な問題は、生徒の「やる気」格差。所属するコースによって、「どうせ私たちは普通クラスだから……」と投げやりになったり、反対に特進コースは自信過剰になったりと、校内で格差が生じてしまうこともあり得るのだ。

本来、人物評価は多様であって、一つの物差しだけで評価するのは避けねばならないのだが、コース別編成があると、「学力」という単独の物差しが大手を振ってまかり通ることになってしまいかねない。

また、ここには男女でも大きな意識差がある。見たところ成績が良い男子より、成績が良い女子のほうが早めに「もう、無理」と、自分に「ダメラベル」を貼ってしまいがちなのだ。女子校で成績別のコース制がうまくいっているという話を、筆者はまず聞いたことがない。

そして、学校を紹介する学習塾の立場から言わせてもらっても、やはりコース別は歓迎できない。コース別の学校について保護者から尋ねられて、「特進コースの受験対応は充実していますが、普通コースはもう一つですね」などとは言いたくない。さらに、コース別をとっている学校は、特進コースと普通コースとは別の偏差値にして、特進の偏差値を高くして欲しいという希望を持っているが、志望校登録の際の保護者の混乱を防ぐために、塾が作成する偏差値表に掲載する情報は極力整理したい。そのため、日能研公開模試では、定員がコース別の私学でも、同一日程同一試験問題の場合は、同一試験とみなして判定するようにしている。

†理系特化型のコース

成績ではないコース制もある。たとえば「医学コース（メディカルコース）」だ。難関私学は国立大、そして医系の大学合格実績を公表していることがあって、確かに医学部を目指すコースには一定のニーズがある。保護者が開業医の子どもには、医学部進学が「家のための使命」とされていることもある。

近年、首都圏の中学受験で話題になった例として、東京・港区の広尾学園中学校・高等学校の「医進・サイエンスコース」や三田国際学園中学校・高等学校の「ＭＳＴ（メディカル・サイエンス・テクノロジー）コース」などがある。

関西だと大阪市天王寺区の四天王寺中学校・高等学校「医志コース」、神戸市須磨区の滝川中学校・高等学校「医進選抜コース」などだ。全体的には、関東より関西の方が、医系コースが目立つ。そうした熱意は、関西の方が総じて高いのだろう。関西では、受験業界も「医系コース」を歓迎している印象がある。だが、筆者は、「医系コース」の設置についても否定的だ。

文理融合が求められる現代になぜ、早期から医学や科学など理系特化に囲い込むのか。二〇一七年に附属中学校が開校した公立中高一貫校（横浜市立）の横浜サイエンスフロンティア高等学校（鶴見区）に、筆者は設置の段階から強い違和感があった。それは、これからは（じつはこれまでもそうだったのだが）、文理融合の時代だと考えるからである。文系であっても統計の方法や科学的なものの見方は重要だし、理系でも歴史や文学の知識が必要である。もっというと、主要五教科という言い方は時代遅れで、芸術分野も含む全教科が主要科目となってきた。中学段階はバランスよく学ぶ中で、得意不得意や興味の対象を自分自身で定めていく時期なのである。

理系の研究者や学者であっても、国語力（論文）は重要である。研究内容を説明できる表現力、研究成果を発表する文章力が必要なのである。海外の大学や研究機関も視野に入れた国際化の流れも強いので、理系でも外国語の力が必須である。たとえば、東京大学の医学部では、総合型選抜も学校推薦型選抜も募集要項に「きわめて高い英語の語学力」を要求し、TOEFLのスコアや大学共通テストの英語得点の具体的な目安や、国際経験を証明する書類の提出を求めている。

ところで、横浜サイエンスフロンティア高校が附属中学を開設する前、同校の高校常任アドバイザーがその目的を「国家的使命」と、戦前の士官学校を彷彿とさせる国家戦略だという主張を目にした（二〇一四年一一月二四日、神奈川新聞）。唖然とした筆者は、同新聞紙面（二〇一五年一月一九日）で反論したことがある。

国家戦略のために理系に特化した公立中学校をつくるとは、それこそ国家の要請ならば科学倫理を無視して、核兵器や生物兵器開発などのような人類を破滅の危機に陥れる研究もいとわない科学者を生み出しかねないというのは極論だろうか。

†医学部入試に特化した勉強？

医系大学に現役合格を目指すべく高校段階、さらにもっと前の中学に医学部特進コースを設置する意義とは何であろうか。医学部の入試のため、ということならば、少なくとも学科試験において、医学部も他の理系学部もそれほど違わない。国公立大医学部で一般選抜ならば、共通テストと個別試験で英語、数学、理科が必要だし、東大理Ⅲにいたっては、国語も必須である。私立大学医学部も同様に英語、数学、理科が必要となる。ゆえに、「中高六年間をかけなくてはならない医学部だけの特別な学び」などは存在しないのである。

医学部の一般選抜が他の理系学部と異なるのは面接、そして多くの場合、小論文も課せられることだ。じつは医学部の入試での最大のポイントはこの面接と小論文。医学部は他の学部とは異なり、学部選択が職業選択とイコールである。そのため、医学部志望においては、覚悟が必要だし、面接と小論文では、その覚悟が鋭く問われる。

じつは海城中学高等学校（東京・新宿区）では医学部コースはないものの、高校二年の三学期から「医学部小論文・面接講座」が設けられている。ただし、これは志願制。そして、この講座の中心となっている先生は社会科だ。というのも、面接では「なぜ医師になるのか」「なぜ本学を希望するのか」と問われるのとともに、小論文では「医師と患者の関係」「地域医療」「最先端医療」などがテーマとして問われることが少なくなく、これらはほぼ社会科の内容だからだ。この講座を通して「本当に医師になりたい」という高校生のマインドを培っていくことがとても大切なのだ。結果として、海城は医学部受験で高い実績を出している。

海城は男子校だが、女子校で医学部受験に高い実績を出しているのが吉祥女子。同校も高校二年で医学部ガイダンスを実施。「医学部医学科志望読本」を配布し、医師を目指す上で必要な資質が語られる。そして受験前の小論文や面接は個別に対応。生徒から届いた論文を国語科の先生はじめ他教科の先生たちも協力して添削し、過去問対策も含めた手厚いサポートを行うのだ。ちなみに、海城と吉祥女子は両校とも中学段階からキャリアガイダンスはしっかりと実施していて、その結果として医師を目指すことになった生徒をサポートするという体制だ。つまり、小学校卒業したての子どもを囲い込むことなくして成功しているわけで、中学一年からの「医学コース」である必要はないということを示しているのだ。

✝国際コース、インターナショナルコース

「国際コース」「インター（ナショナル）コース」を設置する私学が急増している。公立中学校の英語授業は、学習指導要領により年一四〇時間となっており、週あたりは四時間程度なのに対して、私学はだいたい週に六時間。国際コースは英語授業レベルの高さが売り

であり、すべてネイティブの先生が担当する、英語しか使ってはいけない英会話授業や、イマージョン教育も少なくない。イマージョン教育とは、英語以外の教科を英語で行う教育方法である。

海外研修や留学制度も豊富に用意しており、卒業後の進路は海外大学や、国内でも国際系大学を目指す。英語を生かした総合型選抜・学校推薦型選抜なら、国際コースは有利だろう。国際バカロレア（IB）コースを設置している私学もある。IBは、海外の多くの大学の入学資格となる。高校で二年間、所定のコース（DP＝ディプロマ・プログラム）を履修し、試験を経て所定の成績を収めると、IBディプロマを取得できるのだ。国内の大学にも、この資格を活用できる大学がある。

自身の仕事での経験もあって、子どもの国際性を伸ばすことにとても熱心な保護者が増えたので、「国際コース」には強い訴求力がある。国際コースを設置する私学の教職員には、商社などからの転職組も少なくないために、プレゼンテーション能力が高い人材も多く、保護者説明会後に、強く惹かれたという声も聞く。

新規に国際コースを設置し、それを強く押し出す私学は、共学化し校名変更を行い、さらに医学系コースを併設する事例も多い。こうなると、私学の大改革トレンドがてんこ盛りである。そしてもう一つ、大事なことは立地。もともと、アクセスの良い私学（ほとんど女子校）が国際系に転身するのだ。そのような私学を、筆者は「駅前国際共学系」と呼んでいる。

†広尾学園、三田国際学園、開智日本橋学園、芝国際

筆者が「駅前国際共学系」として想定する私立中高一貫校（開校予定も含める）を紹介しよう。各校のコースと中学入試の難易度の変遷も記す。

・広尾学園中学・高等学校（旧・順心女子学園）

板垣退助の妻、絹子により設立され、順心女学校として一九一八年開校。実践女子の創立者・下田歌子が校長、理事長に。二〇〇七年に共学化と共に、順心女子学園から広尾学園に校名変更。コースに関しては、変遷もあったが、二〇二三年現在では、本科コース、医科・サイエンスコース、インターナショナルコースの三コース制。

二〇〇八年の広尾学園［特進①］（二月一日午前）の結果、R４偏差値は三六。これが、二〇二三年の①（二月一日午前）の結果R４偏差値は六五。

・三田国際学園（旧・戸板中学校、戸板女子高等学校）

一九〇二年に戸板裁縫学校として、東京都港区の芝公園で設立。その後三田高等女学校時代を経て、一九三七年に戸板高等女学校、戦後に戸板中高となり、一九九三年に世田谷区の現在地に移転。二〇一五年に共学化し、三田国際学園となる。学校は世田谷区の用賀に位置するが、以前の校名に由来する「三田」を使用したのだ。ISC＝インターナショナルサイエンスクラス（中学二年から、さらにMSTC＝メディカルサイエンステクノロジークラスに分かれる）とIC＝インターナショナルコースクラスがある。

二〇一六年の三田国際①（二月一日午前）の結果R4偏差値は四〇。これが二〇二三年のISC①（二月一日午前）の結果R4偏差値は五八。

・開智日本橋学園中学・高等学校（旧・日本橋女学館中学・高等学校）

一九〇五年に日本橋女学校として開校。その後日本橋女学館に。一九九五年に日本で最初に午後入試を実施したことで中学入試史にその名を刻んだ（あまり知られていないが）。

二〇一五年に開智学園グループの一校として、校名を開智日本橋学園とし、共学校となった。前述の国際バカロレアを実施している。LC＝リーディングコース、DLC＝デュアルランゲージコース、GLC＝グローバル・リーディングコースの三コース制。

二〇一六年の開智日本橋学園①（二月一日午前）の結果R４偏差値は四二。これが二〇二三年の①（二月一日午前）は五七。

・広尾学園小石川中学校・高等学校（旧・村田女子高等学校）

一九〇九年創立の村田女子高等学校が二〇一八年に広尾学園と教育連携。二〇二一年に広尾学園小石川と校名を変更し、共学化、同時に共学の中学校を開校。本科コースとインターナショナルコース（さらにAG＝アドバンストグループ、SG＝スタンダードグループ）がある。

二〇二一年の広尾学園小石川①（二月一日午前）の結果R４偏差値は四九。これが二〇二三年の①（二月一日午前）R４偏差値は五九。

・芝国際中学校・高等学校（旧・東京女子学園中学校・高等学校）

一九〇三年創立の私立東京高等女学校が前身。長く女子教育を実践してきたが、二〇二三年に校名を芝国際とし、共学化。二〇二三年完成の新校舎には、ローラスインターナショナルスクールもキャンパスを構え、同校との連携教育を実践する。コースは本科Ⅰ類コース、本科Ⅱ類コース（二〇二四年からⅠ類、Ⅱ類は統合）、国際生コース（ADVANCEDクラスとCOREクラス）の三コース制。

二〇二三年の①午前（二月一日午前）の結果R4偏差値は五五。

・羽田国際高等学校（現在は、蒲田女子高等学校）

二〇二四年に共学化し、校名を羽田国際とし、二五年に共学の中学校も開設する予定（認可申請手続き中／学校設置計画承認済み）。

†駅前国際共学系、志願者激増の真相

国際共学系は、ともかく人気の出る要素を多層的に用意しているため、志願者が殺到して偏差値が大きく上昇する傾向がある。最近開校した駅前国際共学系は、これまでの経緯から期待値が大きい。そのため最初から高めの難易度予測でスタートするようになった。

最初から偏差値が高いというのは、純粋に人気があるという要因はもちろんだが、入学

試験一回ごとの募集人数の少なさが影響している側面もある。どの学校も三回以上入試を行うが、コースごとに男女込みの定員となるため、一回の入試の定員と、その合格者数は少ない。

もちろん人気の駅前国際共学系といえども、合格したからといって受験生が絶対に入学してくれるとは限らず、他校に抜けることも多々ある。学校は定員より多めに合格者を出すのが一般的だが、国際共学系は比較的、定員を超える合格者をそれほど多くは出さない。なぜか。

それは一般募集とは別に帰国子女などを中心とした国際生募集を別途行っていて、そちらである程度定員の充足がなされていることもあるからだ。少し例示しよう。以下、二〇二三年の難関校の定員、応募者数、実受験者数、合格者数（初回）、実質倍率である。

〈伝統校〉

・麻布……定員三〇〇名／応募者数九一八名／受験者数八八〇名／合格者数三六五名／実質倍率二・四一倍

・桜蔭……定員二三五名／応募者数六二九名／受験者数六〇七名／合格者数二九〇名／実質倍率二・〇九倍

いずれも、入試は二月一日の一回だけなので、応募者数も多いが、合格者数も多く、実質倍率は二倍台となる。

〈駅前国際共学系〉

広尾学園の二〇二三年入試での二月一日午前の状況（男女で定員五〇名）。

・男子……応募者数一三八名／受験者数一二一名／合格者数三一名／男子の実質倍率三・九〇倍

・女子……応募者数三一六名／受験者数二八二名／合格者数四五名／女子の実質倍率六・二七倍

続けて、広尾学園の二〇二三年入試での一二月の国際生（帰国子女）の状況。

〈国算の試験版（男女で定員一〇名）〉

・男子……応募者数一五四名／受験者数一四六名／合格者数四三名／実質倍率三・四〇倍

・女子……応募者数一二三名／受験者数一一五名／合格者数三四名／実質倍率三・三八倍

〈英語の試験版（男女で定員三〇名）〉

・男子……応募者数一四三名／受験者数一四〇名／合格者数三一名／実質倍率四・五二倍

・女子……応募者数一六五名／受験者数一五六名／合格者数四一名／実質倍率三・八〇倍

このように、「駅前国際共学系」は現在、「難関校」よりも実質倍率がとても高い（国際生の倍率も高い）。

二〇二三年から共学化、東京女子学園から校名変更した芝国際は、初年度から大変な応募者数となったことが記憶に新しい。人気が過熱し過ぎた。合格者数を大幅に絞らざるを得ない状況となり、例えば二月一日午前は、男子で実質倍率一二・六九倍、女子で一〇・八七倍という高倍率となってしまった。

難関校と駅前国際共学系の倍率差の背景には何があったのだろうか。一つには、麻布や桜蔭など難関校は、大手塾で情報収集している受験生が出願するため、精選された志望層になっているという傾向がある。合格が厳しい受験生は、よほど強い志望でなければ敬遠する。その一方、芝国際などの、若めの駅前国際共学系は、比較的小規模な塾、通信教育、個別指導など、それほど具体的な難易度情報、入試状況を知る手段がない受験者たちが挑戦している傾向があった。チャレンジ層によって倍率が増加していたのだ。

国際共学系が用意する三回以上の入試を、ともかく何度も受験し続ける受験生が多い。合格を取ることができず後期日程であらためて併願校を探すか、もしくは私学を諦めて、公立中学校に進むという受験生も少なくない。

大手塾の場合は、駅前国際共学系が人気を高めるために定員を薄く（スライス）して、難易度を高める「作戦」の手の内を重々承知しているので、駅前国際共学系を受験するにしても、別の合格できる私学をなるべく早い日程で組むようにアドバイスするが、小規模塾や通信教育、ましてやインターネットで、リアルな情報に触れていない受験生は、ひたすらチャレンジして玉砕してしまう。

†物理的な「広さ」は大事

難易度が高く、合格しづらい駅前国際共学系が人気となる理由は、利便性と、「高い偏差値イコール良い教育」という判断で志望校選びをしている保護者が一定数いること。そしてもう一つが、教育システムの分かりやすさである。

コース別にカリキュラム、教育システムを構築しているので、これはとても効率的に学べると保護者が納得し、確信する。先述のように、プレゼンがうまい教職員がいて、説明会にパンフレット、HPなどでわかりやすく保護者にそのメリットを語りかける。

これに対してほとんどの伝統校は、コース別を実施していないし、共学校で育った保護者には違和感のある男女別学のため、駅前国際共学系に惹かれるのだろう。しかし、教育とはすべてがわかりやすいわけではない。特に子どもたちを早い段階から〝職業別のコース〟に乗せることによって、柔軟で広い視野を養うタイミングを奪うのではないかと危惧している。その意味でも、筆者は中学段階からのコース制に関しては否定的だ。

駅前国際共学系は極めて効率的な学校を創り上げているために、学校に通常存在するものが欠如していることもある。その最たるものは「広さ」だろう。駅近くの便利な立地である反面、キャンパスが狭いことが少なくない。特に校庭が貧弱なことが多々ある。「広さ」は、じつは教育で大事な要素。広い校庭で行われる、体育の授業、学校行事、クラブ活動などは、子どもたちの日常においてとても大事だ。

さらに、狭小地の学校では、クラブ棟や理科施設などの設置にも限界がある。駅前国際共学系には、難関校にはほとんどある天文ドームがほぼ存在しない。また長い年月をかけて蓄積してきた伝統校の図書館と比較すると、駅前国際共学系の図書館は、施設はともかく蔵書では伝統校ほど豊かでないことが多いのは否めない。

キャンパスの自然環境も大事だ。大きな木があったり、授業で使う畑があったり、または池（ビオトープのことも）や噴水など（武蔵のようにキャンパスに川が流れていることも）、一見無駄に思える施設も、心豊かになる大事な要素なのだ。だって感受性豊かな子どもたちが中高六年間を過ごす場所なのだから。

伝統校は都心に位置していても、建物が密集する以前からあるので、校庭やキャンパスの緑は豊かで充実していることが多い。駅前国際共学系に心惹かれた保護者と受験生は、ぜひ伝統校も訪問して校内見学をおススメする。肝心なのは、そこで子どもが中高六年間過ごすということをいちばんに考慮してほしいということ。そして施設の充実した伝統校も見学した後で、総合的に判断してほしいと筆者は思う。

†途中退学問題

著者がもっとも懸念しているのは、伝統校に比べて、合わない子どもにはとことん合わないという話を、駅前国際共学系の在籍者からしばしば耳にすることである。ただし、いろいろな学校のデータを調べて、近年はそれほど途中退学や転校の数に明らかな違いを発見できないのだが、筆者はそういう印象になる理由が二つあると考えている。

まずは、効率的なわかりやすい説明に魅せられて受験を決め、高い難易度をクリアして入学したものの、校風が合わなかったというパターン。駅前国際共学系は、基本的に積極的・社交的な生徒が多いので、それになじめない控えめでマイペースな生徒がいることは前述した。また、コース別、効率重視の教育環境なので、成績に基づく序列をはっきりさせることが多く、いづらい雰囲気になってしまうという話もたびたび聞いている。

学校にもよるが、駅前国際共学系は先生の離職率が比較的高い。教員の職場環境がハードかどうかということよりも、駅前国際共学系の先生たちはプレゼンテーション能力を生かして、自分自身もよりよい条件の学校を探して転職するケースがあるからだ。近年はICT関係を中心に、勉強熱心な先生方が研修（多くは夜にオンラインで開かれる）に参加することが盛んだし、学校フェアなどで他校の教職員と接触することが多いために、能力の高い先生は他校に引き抜かれやすい（逆の例だが、他の私学から先生たちを次々にスカウトして開校に至った駅前国際共学系を目にした際には、中学受験業界に長い筆者ですら唖然としてしまった）。

話を戻す。中高一貫校の途中退学はどこの学校でも起き得る問題だが、筆者の取材経験では、男子校や女子校の進学校では成績による途中退学は少ない。以前は、都心の男子校、女子校にも成績不良による退学、転校がそれなりに存在していたが、中学受験がさかんになった二〇一〇年以降はあまり聞かなくなった。そうした学校は以前にもまして、「生徒を中高六年間でゆっくり育てよう」という考えに切り替わり、「本人が努力しているのなら成績が足りなくても待とう」という姿勢になってきたように思う。

†私立中高一貫校と公立中高一貫校の違い

中学受験で、大きな選択肢として登場するのが公立中高一貫校。高校入試の場合は、東京でも公立優位(都立の併願校が私立)の状況だが、中学受験はそうでない。全体的には、私学の併願校が公立という状況なのだが、近年はさらに私学受験者と公立受験者の乖離が進んでいて、私学をメインに考える受験者は公立一貫校を積極的に併願に組み込まないことが増えている。その理由は、私学と公立中高一貫校の中身がかなり隔たっているからということがある。その隔たりを述べる前に、まず公立中高一貫校の設置の経緯と特徴をまとめよう。

公立の中高一貫校の発端は一九七一(昭和四六)年に出された、通称「四六年答申(「今後における学校教育の総合的な拡充整備のための基本的施策について」)」に遡ることができるが、現実に法律が整備され公立中高一貫校が登場したのは、一九九九(平成一一)年だった。この年、改正学校教育法により、中高一貫教育制度が実施され、最初に開校したのが一九九九年の五ヶ瀬（宮崎・中等教育学校）と後楽館（岡山・併設型）だった。当初より文部省（当時。二〇〇一年より文部科学省）は、公立中高一貫校を全国で五〇〇校設置する予定だった。これは全国にある公立高校の通学区域とほぼ等しい数字で、つまり「あまねく全国の国民に公立中高一貫校を選択するチャンスを」という意味合いを含んでいた。

けれど二〇二三年時点で、全国の公立中高一貫校は約一四〇校に留まっている。この約一四〇校はすべて併設型と中等教育学校だ。

併設型とは高校募集のあるタイプ、中等教育学校とは高校募集のない完全中高一貫校。本来、公立中高一貫校にはもう一つ、設置者（都道府県・市町村など）の異なる既存の中学校と高校が連携を行う連携型も想定されていたが、これは中高一貫色が薄く（中学から高校への進学の際に試験があるなど）、またどちらかというと、人口の多くない地方で実施されていたこともあり、現在はほとんど注目されていない。

首都圏では、東京の公立中高一貫校一一校のうち六校が中等教育学校、五校が併設型だったが、二〇二三年までにすべての併設型が高校募集を停止し、都内はすべて完全中高一貫校となった。神奈川には五校の公立中高一貫校があり、うち高校募集のある併設型は三校。千葉は三校のうち併設型が二校、埼玉は四校のうち併設型は三校と、各都県で事情が異なる。

†ブレて方針転換した公立中高一貫校

一九九九年に公立中高一貫校の制度ができた前後に、筆者は文部省が主催する公立中高一貫校の教育制度についてのシンポジウムや講演会に参加し、時には文部省の官僚に睨まれつつ(当時、日能研が「ゆとり教育キャンペーン」で文部省を批判していたため)、その成立を取材してきた。そのころの文部省の説明では、公立中高一貫校では実施しないことを二つ挙げていた。それは、「受験エリート校としない」「学力試験を行わない」だった。

まず「受験エリート校」について、筆者は最初、文部省が何を言っているのかわからなかった。どうやら文部省は、大学受験で実績を上げていた当時の私立中高一貫校が、ただひたすら「先取り」「詰め込み」「暗記主義」の教育を実践しているとして、それが「受験エリート校」という言い回しになったようだった。九九年の私立中高一貫校の実績は、そのような教育だけで挙げられたわけではないのだが、当時の文部省の認識はそうであったらしい。

この年は日本の教育に対する考え方の転換点だった。「ゆとり教育」のだめ押しとばかりに発表された、次に実施される学習指導要領に対し、学力低下を危惧する世論が高まりを見せていた。「学力を育成することを重視しない学校は問題がある」という論調が強まり、それがいつしか、全国で開設される公立中高一貫校の学力育成に関するさまざまな目標へつながっていく。結果として「受験エリート校としない」という主張は完全に忘れ去られてしまったのだ。

むしろ現在の公立中高一貫校は、難関国立大学合格を教育目標の中心に置いている感が強い。往年の受験指導に心血を注いでいた私学(一九九〇年代前半)を見ているような既視感(デジャヴ)を感じる。私学の場合は、大学は早慶など私大も含んだ実績を目指し、それを達成し、その結果を広報したが、現在の公立中高一貫校はともかく国公立大学合格に心血を注いでいる。私立大学志願者に対して、学校側から「国立大学も志望して」「国公立中心にして」と諭されるか、それでも頑強に私大志望を主張すると、高校から相手にされなくなったという体験談を聞いた。成績上位生と中堅層に対する扱いが明らかに違う、私大志望で成績が下がるとさらに高校から相手にされなくなったとも。すべてがそうではないだろうが、このようなエピソードを東京、神奈川の公立中高一貫校の複数の卒業生から直接聞いており、この傾向は否定できないだろう。実際、両都県は国公立大学合格で成果を上げよという教育委員会からの強い指示があって、校長や管理職はその意向に積極的に応えようとするのだという。

公立にも、私学のように自由な教育を実践しようともがいている意欲的な先生もいて、総合型選抜対応の「探究」に力を入れたりもしているが、管理職の指導を軽視するわけにもいかないので、結局受験指導に重きが置かれるという悩みも聞く。現在の公立中高一貫校は、当初の理想の真逆ともいえる「受験エリート校」を目指してしまっているのだった。

ちなみに、私立大学よりも国公立大学に偏重する傾向は、日比谷高校や横浜翠嵐高校など中高一貫ではない高校にも見受けられる。もちろんキャリア教育も実践しているが、受験指導の印象の方が強い。第一章で前述した往年の私学の到達型学力時代の過ちのような既視感を感じる。

†公立中高一貫校の「適性検査」

公立中高一貫校が当初から掲げた「学力試験を行わない」について。文部省は受験戦争の低年齢化を招かないように、併設型と中等教育学校で学力試験を行わないこととしていた。かわりに選抜内容として提案されていたのは「面接」「実技」「報告書などの書類選考」「抽選」だった。

かつて国立大附属では抽選を行っていたが、現在は首都圏をはじめ多くの国立大学附属でも、抽選を行わなくなっている。そもそも抽選は、試験会場に人数が収容しきれない場合に、収容人員にまで下げることを目的としていた。せっかく熱意をもって入学しようと思ったのに、本人の力と関係のない要素で不合格にするのは妥当ではないという学校側の思いもあり、抽選は少なくとも首都圏の公立中高一貫校では行われていないのだ。

残る選抜材料は、「面接」「実技」「書類選考」。首都圏の多くの公立中高一貫校は、創立後しばらくは受験者が殺到して定員の五倍以上と多く、「面接」や「報告書」などで選抜するのは非常に困難だった（二〇一三年はかなり沈静化し、四倍を下回るケースもある）。

報告書は、小学校で評価がばらつくこともあり、選抜の判定材料として使用が難しい側面がある。結果として、「実技」を拡大解釈して「適性検査」を実施することになった（公立なので、調査書も併用する）。

当初、この適性検査は、知識そのものを問う問題でなく、素材となる文章が提示され、そのなかから知識を探し出し、それを組み合わせて答えをつくるような形態だった。そのため、複数の答えが出てくるものもあった。

これは私学も同様で、難関校になるほど、入試問題は知識の運用力を問い、記述式の解答などは複数解は当たり前。採点は複数の採点担当者で合議を重ねるため、合格発表に時間がかかるというのがあった。例えば字が汚くても丁寧に書いてあれば、採点担当がしっかりと読み取ろうとしたり、または算数などでは途中式を残すことを前提としていて、たどりついた答えが間違っていても、途中式がしっかり残せていれば部分点がつくこともあるという「優しさ」が私学にはある。

公立中高一貫校の適性検査は、複数解が生じやすい問題は、採点上困ると判断したようだ。解答が一つに収斂していくような誘導が行われるようになり、適性検査の問題としてはつまらなくなっていった。

それと同時に、試験結果と偏差値が相関するようになった。結果として出題される問題は、私学の学科試験とそんなに変わらない現状がある。であるのに、公立一貫校はあくまでも「適性検査」だと強弁し、「受験」ではなく「受検」を使いたがる。これは欺瞞《ぎまん》である。適性検査といえども、実際に行われているのは学力試験であり、間違いなく「受験」なのだ。ゆえに本書では公立中高一貫校も受験としている。

†公立のメリットとデメリット

それでも公立中高一貫校には、保護者にとって魅力があることは否めない。その最たるものは学費だろう。私学の場合、平均して年に八〇～九〇万円（中高六年間では五〇〇～六〇〇万円程度）かかるが、公立中高一貫校だと、たとえば小石川中等教育学校は、中高六年間で二〇〇万円程度だからだ（第六章で詳述）。また、国公立大学を目指す場合は、学校がかなり応援してくれる。ただし、私学とは違った明らかなマイナス面があることも理解しておきたい。

まず、公立校の先生は異動すること。私学との大きな違いは、教員の異動の有無である。私学の場合は、基本的に、先生はずっとその私学にいる。卒業後に母校を訪ねても、先生に会うことができる。そのため、私学では困ったことや相談がある時、母校を訪ねる文化がある。顧問の先生は変わらず私学にいるため、卒業後も部活動や文化祭などの行事に協力する卒業生は多い。公立中高一貫校で卒業後も母校に関わり続けることは、なかなか厳しい。「母校は変わらずそこにある」というのは意外と大事で私学の特徴の一つだ。

そして、進学の圧力と途中退学について。公立中高一貫校でも探究や海外研修などの実践がよく行われている。ただし、前述したように、「国公立大学進学」の圧力が難関高校になるほど強い。生徒の自治が認められている公立中高一貫校もあるが、教育委員会が主導する公立中高一貫校は基本的に管理型であり、学校生活を自由に過ごしたいという受験生は、私学を選ぶほうが謳歌できるだろう。公立中高一貫校の校則は思った以上に厳しいことが多い。

またある学校では、中学から高校進学の段階で、学力不振の生徒に他の高校の受験を推奨したケースが実際にある。

†私立中学入学後の通塾

この章の最後に、私立中高一貫校入学後の塾通いについてまとめよう。前述したように、私学に通うと年間で八〇〜九〇万（月額七万円程度）かかる。その上で、公立中学校と同様の学習塾通いが必要なのかと心配する保護者もいる。

結論から記すと、私学ならば通塾は不要だ。そもそも自宅近くの公立中と私立中は授業の進み方が異なるので、公立中学用の街の補習塾は役に立たない。個別指導や家庭教師も、よほど困った状態でもなければ利用する必要はない。

まず大事なのは学校の授業。そして授業ではわからなかったことや、もう少し理解を深めたい時などは、放課後に学校に残っている仲間とラーニングコモンズ（学習スペース）で学び合うか、先生に聞きに行くのが王道のスタイルだ。私学では、以前のような一斉補習のような形が最近はあまりとられず、放課後は自分で学び進むような環境整備がなされている場合が多い。そのためクラブ活動の時間も制限されていることが少なくない。

生徒が放課後に質問しやすいように、チューター（卒業生や、学校委託のスタッフ）がラーニングコモンズにいて、生徒の自立した学びをサポートする私学もある。例えばカリタス女子中学高等学校（神奈川・川崎市）は、卒業生がチューターとして在校生をサポートしてくれる。あるいは校内にスペースを割いて外部の個別指導の塾が開設されている学校もある（ただしこれは別料金が多い）。

難関校に入学後、少なくない生徒が通う塾に関して、その弊害を各難関校の先生方は口をそろえて指摘したことが印象深い。「旧帝大専門」とか「中高六年分を数回繰り返す」などが売りである。その塾は宿題が多いのだが、最悪なのは、私学の授業中に塾の宿題を「内職する」生徒がいることだという。難関校の授業はいうまでもなく、先生方が熟考して構築したもので、その学校の真骨頂。当たり前だが、生徒たちが全力で参加することを前提とした構成であり、宿題もそうだ。たとえば桜蔭は、授業前の予習が前提で、授業はふり返りに近い形で展開される。いわば「反転授業」のため、帰宅後は自宅で翌日の準備をしなくてはいけない。他の難関校も同様で、授業後は授業のふり返りで理解を深めたり、または翌日の準備をすべき時間である。その時間を塾に費やすのは無駄なのだ。

どの難関校の先生方も、通塾は不要、もしくは困った存在だと断言する。ある先生が、「あれは一種の洗脳ですね」とおっしゃっていたのが印象的だった。難関校合格時に、「指定校で優先的に入れます」の甘言《かんげん》につられて入塾し、そのようなダブルスクール状態を常態と思わせてしまう「洗脳」だ。

塾に通わずして、東大など志望する大学に入っている実例を筆者は数多知っている。ただ、不要だと思いつつ通っている生徒もいるそうだ。ある難関校の卒業生に聞いたら、「親が行けというので、塾に通っていましたが、実際は適当にサボってました。親には悪いですが、男子はそういう連中、多かったな」と教えてくれた。彼も難関国立大学を卒業している。

†高校段階での塾・予備校の使用について

中高一貫校の場合は、中学三年くらいから学部・学科の研究を開始し、やりたいことを探していく。そして高校段階になると、女子も男子も自分の得意不得意が見えてくる。この段階になれば、本人のモチベーションに応じて、外部の塾・予備校を利用しても良いのではないだろうか。保護者にいわれるがままの受動的な通塾ではなく、能動的に自分で決めたならば、塾・予備校も有効活用できるだろう。

もちろん、最後まで塾・予備校通いをしない中高一貫校の生徒は少なくない。聖光学院中学校高等学校（神奈川・横浜市）の高校三年は、朝の七時から夜の九時まで、勉強に集中するために校内の「ザビエルセンター」を利用できる。毎日多くの学生がここで学び合っている。もともと修道士用の施設であったため、キッチンがあり、お腹が空けば簡単な自炊ができるのもこのザビエルセンターの強みだ。仲間とともにある学びが、同校の大学合格実績の高さにつながっているのだ。

第五章

タイプ別私立中高一貫校

中高一貫校をタイプ別に解説する。私学は、創立時の理念でタイプ分けすることができるのだが、その理念によって教育や重視する事柄が異なり、すでに述べたように、校風にも違いが出る。校風は生徒たちのものごとの考え方や、卒業後の生き方にも多大な影響を与える。

中学受験で志望校を決める際、保護者としては、大学合格実績などにどうしても目がいきがちだが、じつは一番大事なのはここなのだ。ぜひ志望校の理念と校風を事前に調べて、それに賛同した学校を選んでいただきたい。

ちなみに、志望校選びにおいて、保護者は「子どもにあった学校を探したい」と「こういう校風で育ってほしい」という、似て非なる二つの視点を有していると思うが、後者の視点が大事だと筆者は考える。一二歳の受験時点ではそれほど子どもの性格も固まっていないし、志望校を選ぶ確固たる視点を子どもは持たないからである。子ども本人がその学校をよほど嫌がらない限りは、保護者が志望校を決める（提案する）べきである。この点が、中学入試が高校入試や大学入試とは大きく異なるところだ。逆に、大学入試に親が出張って子どもの志望を変えてしまうと後々禍根《かこん》を残すことが多い。

この章では、私学らしく確固たる理念があり、創立時からの理念をいまもわかりやすく継承しているタイプの典型例として、キリスト教系からはじめることとする。なお、校風に関しては、筆者の取材経験もベースとしている。

1　プロテスタント系

†大事なのは自由と責任

一六世紀マルティン・ルターらの宗教改革運動から生まれたプロテスタントは、カトリック教会への抗議（Protest）に由来するが、聖書解釈の多様さから多くの教派が存在する。日本の私学にも多数のプロテスタント校があり、各教派に属している場合もあれば、キリスト者が独自に設置した場合もある。

共通する校風は「自主・自立」。さらに言うと「責任を伴う自由」を大事にする学校が多い。つまりは「自分で考えて動いて。でも責任は自分でとるんだよ」ということだ。女子学院中学校・高等学校（東京・千代田区）の初代院長・矢嶋楫子《やじまかじこ》の「あなた方は聖書を持っています。だから自分で自分を治めなさい」という言葉が象徴的だ。プロテスタント校には女子校が多く、男子校は少ない。自由に生きていきたい、束縛されることを好まない女子にとって、多くのプロテスタント校の校風は向いているだろう。ただし、「自由＝放埒」というわけではない。しつこいようだが、自由の対価は責任である。集団の中においては「周囲のことを考えて動く責任」が求められるのだ。

フェリス女学院中学校・高等学校（神奈川・横浜市）は「For Others（他人のために）」が教育理念だが、これは社会のなかで仲間を思い、仲間のために頑張るという「責任」があることをも示している。

プロテスタント校の生徒、特に女子は努力家であることが少なくない。そもそも努力家の子どもが入学してくるという側面もある。自分の希望をかなえたい、もしくは自分の希望に向かって進んでいかねばならないなら努力しなければ実らないことが重々わかっているので、懸命に頑張る。だが、頑張るか頑張らないかも、自己責任。

中学受験の場合、四科目受験が多いが、概して国算の配点が高い。しかし、女子学院の入試は、国語・算数・社会・理科が各一〇〇点と均等配点である。この女子学院の配点は少数派だが、この配点によって「算数が苦手でも他教科で努力すれば合格できる」という信念のもと頑張って入学する受験生は少なくない。「努力は報われる」という成功体験が、さらに入学後に努力型につながっていくことになる。

均等配点でないプロテスタント校でも、比較的各教科のバランスがよく、受験生の努力をしっかり見ようとする姿勢が、入試問題からも感じられる。

プロテスタント校のこの特徴は女子校だけのものではなく、男子校や共学校も自由と責任に由来した「努力」を評価する姿勢を有している。男子校なら聖学院中学校・高等学校（東京・北区）、立教池袋中学校・高等学校（東京・豊島区）、立教新座中学校・高等学校（埼玉・新座市）。共学校なら青山学院中等部・高等部（東京・渋谷区）、明治学院中学校・明治学院東村山高等学校（東京・東村山市）などがそれに該当する。

ただし、学校によって校風にも濃淡はある。例えば、フレンド派（クェーカー）の普連土学園中学校・高等学校（東京・港区）は、一学年が一三〇名ほどと小規模なこともあってか、やや自主・自立系が薄いようだ。英国国教会によって設立された香蘭女学校中等科・高等科（東京・品川区）は家庭的な雰囲気が強いが、これは英国国教会がカトリックに近いためだろう。

さて、プロテスタント校の理念を体現した創立者、または学校の歴史が培った校風と卒業生の活躍のつながりについて、数校を例に紹介していこう。

†女子学院

女子学院の校風には、前述した初代院長の矢嶋楫子の生きざまが色濃く出ている。矢嶋は熊本の惣庄屋の第六女として生まれたが、極端な男社会の風潮から、女児誕生に落胆した両親がお七夜を過ぎても命名せず、それを憐れんだ姉が「かつ」と名付けた。

無口に育った矢嶋は二五歳で結婚する。夫は二回の離婚歴があり、三人の連れ子がいた。ふだんは良い男だったが酒乱で、酒が入ると白刃を抜き、家族を脅しつけるような性格だった。矢嶋は一〇年我慢したが、極度の疲労と衰弱で半盲状態となり、ついに離縁を決意。これは封建的な熊本では相当覚悟がいることだった。

離縁後は親戚を転々としたが、病気の兄の看護のため上京することに。東京行きの蒸気船の中、船を漕ぐための楫を見て、「私のような目立たぬ小さな女でも、楫のように大きな船を動かせるかもしれない」と思い、名前を楫子とした。上京後兄の回復とともに勉強し、小学校教員となる。卓越した指導は評判を呼び、新栄女学校（女子学院の前身の一つ）から校長として招聘された。校長就任後もキリスト者にならなかったが、元校長のマリア・ツルーの敬虔《けいけん》な態度に感銘しキリスト者となったのだ。

ツルーは決して人を咎《とが》めようとしなかった。「人間には審《つまびら》く資格はない。罪のない者だけが、その資格があるのだ」との聖書の教えを徹底、実践していたからだ。この教えを継承した矢嶋は、女子学院初代院長となった時、前述の言葉「あなた方は聖書を持っています。だから自分で自分を治めなさい」で生徒を諭した。ここから、いまにつながる女子学院の自立自治の精神がいまに続く。

ちなみに、矢嶋は九二歳で生涯をとじるまで、自分が前半生で味わった不幸な体験をする女性を救済する運動に力を注いだ。具体的には、日本キリスト教婦人矯風会初代会頭として、廃娼・禁酒運動などでも活躍したのだった。いずれにしてもすごい行動力である。この校風は、女子学院の生徒たちの活躍につながっている。明治の初期から女子が活躍できるように生徒たちを導いた伝統は非常に尊く、まさにいまのキャリア教育の先駆け的存在でもあると言える。

同校の著名な卒業生を列挙すると、たとえば、渡辺道子は戦後初の女性弁護士で女性法曹のパイオニア。また今井通子は医師で、日本初のアルプス三大北壁登攀に成功した登山家である。最近では、膳場貴子や馬場典子、和久田麻由子などアナウンサーも多く、漫画家の辛酸なめ子や今日マチ子などがいる。なめ子さんとマチ子さんは、筆者の編集する

『進学レーダー』でも連載をお願いするなどお世話になったが（直接の知り合いなので「さん」をつける）、仕事に対する責任感はすごかった。たとえば、なめ子さんと取材に行って夕方別れた後、編集部に戻ってきたら、原稿がすでに届いていたことがあった。マチ子さんも仕事がとても速く、締切にはかなり余裕を持って入稿してくれる。作品の出来も素晴らしく、編集者として何度でも仕事をご一緒したい二人だ。

†恵泉女学園

続けて、恵泉女学園中学・高等学校（東京・世田谷区）。同校の創立者は河井道。神官の娘として伊勢に生まれた彼女は一〇歳の時、家族で北海道に移住し、学んでいたスミス女学校（現・北星学園女子中学高等学校〈北海道・札幌市〉）で新渡戸稲造に出会う。新渡戸から強い感化を受け、その勧めもあってアメリカ留学を志し、ブリンマー大学（ペンシルベニア州の私立女子リベラルアーツ・カレッジ。女性に対して文理融合・専門研究者養成を実践する先駆的大学）に入学する。この大学では、学問だけではなく、日本と異なる文化や民主主義を学んで帰国し、大学の先輩の津田梅子が設立した女子英学塾（現・津田塾大学）で教鞭を取る一方、ＹＷＣＡ（基督教女子青年会）の日本人総幹事として世界を歴訪。その結果、実践的な宗教教育に土台をおく、国際感覚を持つ人材の必要性を痛感し、一九二九年に恵泉女学園を創立した。

同校は海外の宣教団体の資金援助を受けずに創立された数少ないキリスト教学校の一つである。ちなみに教育の柱は「聖書」「国際」そして北海道時代に知った自然の素晴らしさを伝える「園芸」の三つだ。同校も生徒の自主性を重んじているため、女子学院同様、制服がない。

†創立者の行動が後の世代に引き継がれる

河井道は恵泉女学園創立後も社会でも活躍を続ける。一九四一年に、日本キリスト教連盟によって遣米使節団が結成され、アメリカのキリスト者と平和の祈りを共に捧げるために、訪米した。メンバーは賀川豊彦ら七人で、女性メンバーは河井道だけだった。

戦後は、教育刷新委員会委員となり、なんと「教育基本法」の制定に関わり、日本の短期大学制度の発足にも尽力した。このあたりの河井道の活躍については、岡本嗣郎《おかもとしろう》『陛下をお救いなさいまし――河井道とボナー・フェラーズ』に詳しい。同書を原作として制作されたのが『終戦のエンペラー』(二〇一三年)だ。マッカーサー役をトミー・リー・ジョーンズが演じたが、なんと河井道が映画の登場人物にいないという酷い改変ぶりで、映画を見た筆者は仰天した。また、恵泉女学園中高卒業生の柚木《ゆずき》麻子《あさこ》が、河井を主人公にした小説『らんたん』(二〇二一年)を刊行し話題となっている。

筆者が取材した恵泉女学園中高出身者では、科学者の大澤志津江さんが印象深い。お目にかかったのは、二〇一六年一二月。京都大学で行われた「女子高生・車座フォーラム」だった。女子学生支援のために実施されたイベントで、当時大澤さんは、京都大学大学院生命科学研究科システム機能学分野の准教授だった。恵泉女学園の高校時代、大澤さんが一番好きな教科だったのは化学だったという。スチレン系の化合物からゴムをつくる化学実験で、物質が劇的に変化する様子を見てとても感動したそうだ。生命現象を分子のレベルで理解できる学問を学びたいと思い立つが、生物と化学、どちらの分野かわからないので、双方を学べる東北大学の理学部に進学。現在は名古屋大学大学院理学研究科教授として、ショウジョウバエをモデル生物として基礎研究を行っているとのことだ。

私学の文化祭は、卒業生が母校に立ち寄りやすいイベントである。恵泉女学園は恵泉デーと呼ばれ、創立を祝うイベント。在校生や受験生だけではなく、保護者会、卒業生も多数「戻って」くる。在校生と卒業生の交流の場でもあるのだ。

†フェリス女学院

ニューヨークで開業医をしていたJ・C・ヘボンが、「宣教医」として来日したのは一八五九年のことだった。医者として日本人の信頼を得たヘボンだったが、施療の傍ら日本語の研究に励んだ。彼はプリンストン大学の学生時に学んだラテン語を基礎に、和英と英和の辞書『和英語林集成』を編纂した（一八六七年）。ここで使用されたローマ字綴りが「ヘボン式ローマ字」。この辞書はとてもよく売れ、ヘボンの名を世に知らしめた。ヘボンの元には彼から医学を学ぶ生徒が集まり、ヘボンの妻クララからは英学を学んだ。

ヘボン夫人は一八六三年、横浜居留地三九番で英学塾（ヘボン塾）を開く。この塾からは、高橋是清など日本を背負う人々が巣立っていくことになる。このヘボン塾で教師として働くことになったのが、メアリー・E・キダーだった。

一八七〇年のことで、この年をもって「フェリス」は創立された。当初は男女数名ずつの共学だったが、キダーの目的は女子教育だったため、一八七一年には男子を他の宣教師に預け、女子だけの学校に切り替えた。この学校は当時「キダーさんの学校」と呼ばれた。「フェリス」の由来は、アメリカ・オランダ改革派教会外国伝道局初代総主事のアイザック・フェリスとその息子である第三代総主事のジョン・M・フェリスに由来する。

さて、一八七五年には現在の山手一七八番の地に新校舎が建てられ、校名をアイザック・フェリス・セミナリーとした。この時点から従来の英学中心から和漢学が加えられ、午前は外国人教師による英語諸学、午後は日本人による和漢学と分けられた。当時あった寄宿舎も畳敷、寝具、衣服、食事、坐臥の動作など日本の生活習慣が配慮された。生徒たちを「家庭で生活できないように教育するのは賢明なことではなく、またそうするのは少し危険である」とキダーが考えたからだ。フェリス女学院の理念は「For Others（他人のために）」だが、設立当初から、キダーさんは思いやりに満ちた「For Others」を実践していたのだ。

フェリス女学院高校も卒業生は多彩だが、筆者が紹介したい卒業生に、安井かずみがいる。フェリス在学中から「みナみカズみ」のペンネームで「レモンのキッス」や「ヘイ・ポーラ」などの訳詞を手掛けていた。アニメの『超時空要塞マクロス』は横浜の中華街も舞台だったが、架空のアイドル歌手リン・ミンメイ（声・飯島真理）が歌う「愛・おぼえていますか」も彼女の作詞だった。

†横浜共立学園

横浜共立学園中学校高等学校の「共立」とは、学校設立の母体となった「米国婦人一致外国伝道協会」(WUMS)が、特定の教派に属さない、宗派の連合的(「共立」的)な存在だったことに由来する。このWUMSの三人の婦人宣教師が横浜に上陸したのは一八七一年。彼女たちの来日目的は、横浜で急増していた混血児の教育のためであり、三人は同年「アメリカン・ミッション・ホーム」を創立した。

当初は混血児十数名、日本人の少女二、三名だった。生徒募集困難な時期だったが、啓蒙思想家の中村正直が視察し、その教育内容を「亜米利加婦人教授所告示」として執筆した。じつはこれは本邦初の「入学案内」だったといわれる。

中村は三人の献身的な奉仕、厳しい躾の中にも真に子どもを愛する愛の深さに感動し、自分や知人の娘を入学させる。それ以降、入学者は次第に増加した。一八七五年に共立学校と改称し、一八九一年には混血児養育施設を閉鎖するなど変化していったが、三人の宣教師がもたらした「一人の人間を無条件に尊重し愛する」というキリスト教精神はいまも守られている。

†横浜女学院

後述するカトリック校・横浜雙葉中学高等学校（神奈川・横浜市）と、フェリス女学院、横浜共立学園が、従来の「横浜山手ミッション御三家」だった。ところが、二〇二三年現在は、横浜共立学園に隣接する横浜女学院中学校・高等学校（神奈川・横浜市）の人気が急上昇し、大きく序列を変化させようとしている。

もともと横浜女学院は、一八八六年創立の横浜千歳女子商業学校と、一九四三年創立の神奈川女子商業学校を、キリスト者であった金子正が一九四七年に合併させ、新しい建学の精神のもと出発させた学校だ。

プロテスタントのキリスト教精神による女子の人間教育を行い、校訓は「愛と誠」。なかなかステキな校訓だが、前述の横浜ミッション御三家のような一貫した伝統があるわけではない。しかし伝統のしがらみが少ないために思い切った改革を断行できる柔軟性を有している。今後の社会で必要な国際性と持続型学力のために、近年この二つの方向性を実現する教育改革を実践している。まず国際性だが、二〇一八年より、国際教養クラスとアカデミークラスを設置、さらにＣＬＩＬ（内容言語統合型学習）を導入し、英語で学び考える力を育成している。そして持続型学力に関しては、武蔵大学、東京女子大学、成城大学、東洋英和女学院大学、國學院大學など複数の大学と高大連携協定を締結、生徒たちに「大学の学び」に触れられるチャンスを多く渡している。

このようなラディカルな動きが人気と難易度に直結し、入試日程によっては、横浜雙葉や横浜共立学園と伍するレベルにまで達してきた。たとえば、二〇二三年結果R4偏差値では、二月一日午前の横浜共立学園Aは四九、横浜雙葉は四六。同日午前の横浜女学院Aは四〇だが、二月二日午後の横浜女学院Dは四五だ。

†「礼拝」の意義

プロテスタント校の校風を特徴づける教育実践として、礼拝と音楽についても見ておきたい。まず礼拝。礼拝は、じつは国際理解教育でもある。どういうことか。

時間の長短、形式の違いはあっても、プロテスタント校は毎日礼拝を実践する。また週五日制の学校も多いが、これは日曜日に教会に行くことを推奨するため、土曜日を休日にするという発想だ。同じキリスト教でもカトリック校より先生方の信者率が高く、礼拝もきっちり行われる。しかしここが肝心だが、生徒たちに入信しろとか、キリスト教を押し付けることはまったくない。「キリスト教の考え方、教えを理解してくれればいい」くらいの姿勢だ。日常の礼拝では、時事的な話題を「枕」として聖書の話につなげるか、もしくは、聖書の引用から、それがいまにどうつながっているかというように、「これからどう生きていくか」という話になることが非常に多い。

聖書は非常に多面的に読まれ、中高生の生き方によい提案をくれる。カトリック校も同様だが、「善きサマリア人」（ルカによる福音書）などは、おそらく在学中に何度も取り上げられる隣人愛についてのテーマ。筆者の経験では、プロテスタント校の生徒の方が礼拝後に聖書の内容について率直な意見を目にする。「キリストって何考えてんだかわかんないね」とまでいう生徒を見たことがある。ただ、間違いなく、生徒の心の中に聖書の教えは残る。そして卒業後、人生で困った時や迷った時に、その教えが甦って、道を示してくれるのだ。

私学の理念は、卒業後にもその真価を発揮するものだが、プロテスタント校の場合は特に、ほぼ毎日聖書の声を聞きながら六年間すごすわけだから、心に残る「導き」も相当貯まっている。たとえ、大半を忘れてしまったとしても。

また卒業後、海外に出ると、ここで得たキリスト教の知識は役に立つ。聖書からの引用は、海外に出ると想像以上に大きな財産となる。

世界の国で働くようになると、宗教のバックボーンを持った人々が大半。中高六年間、聖書に触れ続けていれば、キリスト教以外のセム系宗教（ユダヤ教やイスラム教など）の理解もよりしやすくなる。じつは宗教に対する理解は、国際性を培う上でとても大事なのだ。カトリック校も含めて、キリスト教系の私学こそ、国際理解教育が最も充実しているのである。

†キリスト教の音楽

礼拝で讃美歌を歌い、クリスマスなどの行事ではハンドベルやオーケストラなど、音楽系のクラブが演奏を行う。カトリック系もそうだが、音楽活動は他のタイプの私学より盛んだ。協働して音をつくる音楽は、非認知スキルを養成するとても大事な教育活動である。礼拝の度に讃美歌を歌い続けること六年間で、歌詞も曲も体にしみ込むことだろう。

フェリス女学院は、音楽教育の充実が大きな特徴で、中学一年から高校三年まで必修。パイプオルガンの講習や三味線の体験など特徴的な教材の学習もする。そして、高校三年の最後の課題レポートは、「私の愛する讃美歌」である。好きな讃美歌を選んだ理由、その賛美歌にどのような思い入れがあるかを記し、実技の歌の試験をする。

キリスト教系の学校は共通してクリスマス行事で、ヘンデル「メサイア」のハレルヤをコーラスするケースが多い。この曲はキリスト教系中高出身の女子は、大げさでなく体にしみ込んでいて、同窓の女子会では、カラオケの締めに、ハレルヤをアカペラで歌い上げることもあるそうだ。「歌っていると天使が飛ぶんですよ」と笑いながら教えてくれたプロテスタント系出身女性もいた。いずれにしても、校歌以外に仲間とともに歌える歌があるのは、まさに人生の財産だろう。

2 カトリック系

†家庭的、あたたかさ、「人は育てて人になる」

カトリック(Catholic)は「普遍的」という意味で、ローマ教皇を頂点とするキリスト教最大の教派。日本のカトリック校も、大部分はいずれかのカトリック教団組織が直接、または間接的に運営している。プロテスタント校より男女別学が多かったが、近年は急速に共学化が進行している。

カトリック校の特徴は、まずは「家庭的」であるということ。私学はもともと居心地の良い「家」のような存在だが、カトリック校はアットホームで、なんともいえないあたたかさがある。

これはカトリックにおける「ミサ」とプロテスタントの「礼拝」の違いにもある。双方とも祈り、聖書を朗読し、聖職者（カトリックなら神父、プロテスタントなら牧師）の説教、そして讃美歌を歌うところは変わらないが、長年どちらのタイプの学校も取材している筆者の感想としては、カトリックの「ミサ」の方が、みなと一緒に「内に包まれる」という感触がある。一方、プロテスタントの礼拝は、牧師のお話などから、「自分で考えていく」という感触がある。このあたりがカトリック校とプロテスタント校の根本的な違いではないだろうか。

家庭的な雰囲気のカトリック校は、しつけもしっかりということで、じつは校則が、プロテスタントより厳しめという傾向がある。「人が人になるために教育が必要」との考えも強く、それもあってしっかりしているという面がある。しかしこれも近年変化しているので、各学校で、校則の厳しさには相当の開きがあることはつけ加えておこう。

さてここからは、カトリック校の創立母体、理念、そして校風をつくった人たちと、活躍する卒業生たちとのつながりについて見ていこう。

†栄光学園

神奈川の男子校、栄光学園を設立したのはイエズス会である。栄光学園にはイエズス会の思想が色濃く反映している。

一五四〇年にイグナチウス・デ・ロヨラによって、パリで創設されたイエズス会は、カトリック教会の威信と勢力回復で著しい効果をおさめていた。当時のヨーロッパでは、プロテスタントが破竹の勢いで勢力を拡大していたが、イエズス会は、カトリック教会の宗教改革の原動力となって布教活動に力を尽くした。イエス・キリストの兵士として、教皇の命で世界の果てまで行き、伝道することを使命とした。フランシスコ・ザビエルらイエズス会宣教師が極東の日本まで布教にやってきたのには、そういう背景があった。

イエズス会の活動には、学問研究と青少年への教育がある。戦国時代の日本にやってきた彼らは、早い段階から教会付属の初等学校を数多く設立した。有馬［長崎］・安土［滋賀］にセミナリオ（中学校）、府内［大分］にコレジオ（神学院）など、これらが日本でのキリスト教系学校の端緒だが、相次ぐ戦乱と迫害、そして最後は禁教令のために、短期間で、表面上は姿を消してしまった。

幕末になると、開国した日本でカトリックの各会が布教を再開する。だが当初は、キリシタンたちの子孫の救済が優先だった。明治期に学校経営を積極的に進めていったプロテスタント諸派と比べ、カトリックが出遅れた理由は、このあたりにもあったとされる。

イエズス会の教育活動の再開は、教皇ピオ一〇世から大学設立を委託された三人のイエズス会士の来日によってなされた。彼らは一九一三年に当時の専門学校令によって、文学部と商学部からなる上智大学を設立する。だが、一九一八年の大学令で、早稲田大学や慶應義塾大学は大学となったが、上智は国に納める供託金がなかったことから、大学に昇格できたのは少し遅れた一九二八年だった。

†デッカー大佐とフォス神父

栄光学園は、戦後一九四七年にイエズス会によって設立された。米海軍横須賀基地司令官のB・W・デッカー大佐から、横須賀に男子校設立の要請を受けたからだ。日本復興のために新しい理想を掲げた教育の必要性を痛感していたデッカー大佐は、教育事業に長けていたイエズス会に頼んだのだ。横須賀・田浦の旧帝国海軍の潜水艦基地の跡地という立地だった。

当時の日本は、戦後公教育が整っていなかったこともあり、栄光学園は初年度から志願者一七六名という高い人気となった。七二名の合格者で、栄光学園はスタートした。校長には七年間の米国留学を終え、上智大学教授に着任したばかりのドイツ人、三四歳のグスタフ・フォス神父が着任した。

創立の地である潜水艦基地の跡地は完全な廃墟だった。瓦礫の山を学校に改修する工事が行われた、校舎は完成したのだが運動場は瓦礫の山、校舎の脇の海には破壊された潜水艦が浮かんでいるような状態だった。そのため生徒やフォス神父ら自らで運動場の瓦礫を片づけた。

米軍から入手できるものは最大限に活用したという。例えば制服。当初フォス神父たちは、制服は不要だと考えたが、保護者の強い要望もあった。軍服を思い出させる詰襟を避け、活動性のあるジャンパースタイルに決めた。洋裁店を開いていた同校の三期生の母親がデザインをし、仕立屋をしていた四期生の父兄が、フォス神父がもらってきた米海軍の水兵用の白い制服を仕立て直し、紺色に染めた。経済も安定してきた一九五四年からは、全員が同じ制服を着るようになった。

独特の栄光学園の制服には、このような歴史があったのだった。保護者と学校が協力して、学校をつくり上げていったことがよくわかるエピソードである。

その後、同校は防衛庁(当時)から校地の買収を持ちかけられ、より教育環境の良いところということで、現在の鎌倉市玉縄を取得し、一九六四年に移転した。この移転の際に建てた校舎は、二〇一七年に隈研吾(栄光学園卒業生)の設計・監修による現在の校舎に建て替えられて、魅力が増した。解剖学者の養老孟司や作家の保坂和志なども、栄光学園の卒業生である。

栄光学園だけでなく、清泉女学院や横須賀学院の設立にも、デッカー大佐は関係している。女性の解放、経済の再生、病院改革など、数々の功績を残したが、彼は戦後の横須賀に真の平和と民主主義をもたらすために、キリスト教学校による教育改革が必要と考えていた。

そこで彼と親交の深かった従軍牧師のリッカーの依頼を受けた青山学院が、横須賀分校として「専門部機械科と土木建築科」と「第二高等部」を発足させた。ところが青山学院は渋谷キャンパスの復興に追われており、横須賀分校の維持が困難となり、横須賀からの撤退を余儀なくされる。そこで地元の教会関係者の協力で、新たに一九五〇年に横須賀学院として再スタートすることになった。

デッカー大佐は、横須賀の戦後復興に多大なる貢献をした人物であり、私学の恩人でもある。

†英語教科書「プログレス」

栄光学園は校長グスタフ・フォス神父の魅力と同校の優れた教育から、開校からすでに人気が高かった。フォス神父の著書『日本の父へ』は、父親論の名著である。さて、栄光学園をはじめとしてイエズス会の諸学校は、系列校と人事交流（神父の移動）や、情報交換がとてもさかん。たとえば、栄光学園創設の際に、フォス神父とともに尽力したハンス・シュトルテは六甲中学校から派遣された人物である。

こうしたコミュニケーションは、一六世紀にイエズス会が創設されたときからの大きな特徴で、ロヨラは熱心に書簡を往復することを命じていた。この豊かなコミュニケーションが礎となり出来上がったものの一つに、英語のテキスト『プログレス』がある。

一九九〇年代に首都圏で中学受験熱が上昇した理由には、私学の教育の充実があった。なかでも英語教育が注目された。週あたりの授業時数の多さと使用テキストに当時は注目が集まったのだ。中でも『プログレス』（プログレス・イン・イングリッシュ）は、イエズス会のロバート・M・フリンが六甲（現・六甲学院中学校・高等学校、兵庫・神戸市）在職中に作成した教科書。フォス神父が作成した「イングリッシュ・アワー」をもとにオーラル・アプローチを強化したもので、「聞く」「話す」「読む」「書く」の四技能がバランスよく身につくと評判になった。長文や単語数も多く、大学入試対策もカバーする英語力がつくため多くの私学で使用された。現在も栄光学園では『プログレス』が使用されている。

現在は、英語の指導方法が多様化し、ICT（情報通信技術）が発達したこともあり、テキスト至上主義はかつての勢いはない。つまり、使用しているテキストで私学の教育内容を判断するような論調はかなり薄くなった。これは数学など他教科でも同様である。

†瞑目、中間体操、掃除の伝統

栄光学園には、継承され続けている独自の教育がある。瞑目、中間体操、掃除の徹底である。

〈瞑目〉

栄光学園の授業は「瞑目」にはじまり「瞑目」に終わる。心静かに一分間目をつぶる、それが、授業の心構えと振り返りの機会となるのだ。イエズス会の創始者ロヨラによって体系化された霊性修行「霊操」とは、過去・現在・未来を振り返りつつ、次の行動を選択する習慣を体得するためのものだということだが、これが「瞑目」につながっている。

〈中間体操〉

中間体操も創立以来続く伝統の教育。雨の日を除き、二校時と三校時の間に、毎日行われる。春夏秋冬それぞれの陽の光を直接浴びて、全校生徒が校庭で体を動かすのだ。兄弟校の六甲学院などでも実践されている。

〈掃除〉

カトリック校は修道会が設立した経緯があるせいか、修道会から継承されている教育は少なくない。修道会では、身の回りのことは自分で整える。掃除も自ら行う。栄光学園も校内の清掃は徹底している。

†六甲学院、広島学院、上智福岡

イエズス会は、栄光学園以外にも中高一貫校を運営している。

六甲は、中学としてはイエズス会の中で最も早い一九三七年に六甲中学校として設立された。広島学院中学校・高等学校は「原爆で破壊された広島を教育の力で励ましたい」との思いから、一九五六年創立。

栄光学園、六甲学院、広島学院と比べて、上智福岡（福岡・福岡市）はかなり変遷している。一九三二年に福岡カトリック神学校として開校、三六年に泰星中と改称、四六年にはマリア会に経営が移管されたが、八三年にイエズス会に経営が移管され、二〇一〇年には上智大学と教育連携を開始し、一一年に現校名になった。そして二〇一二年に女子の受け入れを行い、共学校化する。

二〇一六年に「学校法人上智学院」と、「六甲中学校・高等学校」「栄光学園」「広島学院」「上智福岡（泰星学園）」が合併し、六甲中高は「六甲学院中学校・高等学校」となった。「瞑目」「中間体操」「掃除の徹底」の伝統は、これら上智学院の中高では同じように実践されている。上智福岡では、授業や各行事の始まりと終わりに、立腰《りつよう》黙想を行うなど方法に違いはある。ちなみに「立腰」は「腰骨を立てること」で、人間の正しい姿勢を保つために必要なこと。つまりこれは正しい姿勢で、目を閉じ、静かに内面に入り、神様と対話し、自己を見つめることだ。

†雙葉

難関校はどこも生徒の自主性・自立を大切にするが、雙葉では生徒が主体的に学べるように、中学では小テストやノートチェックなどの指導がきめ細かく、早い段階から学習習慣が身に付くように配慮されている。

カトリック校は理数教育が充実していることが多く、雙葉も理科四分野（生物・物理・化学・地学）のバランスがよい。理科室も設備などが非常に充実しており、雙葉の地学室には鉱物顕微鏡や岩石ハンマーなどが装備されている。学内での学びだけではなく、体験プログラムも充実している。中学生は、埼玉県長瀞町に行き変成岩の観察と荒川の礫《れき》の調査を行う。

英語は、少人数クラスのネイティブ教員によるオールイングリッシュ（All English）授業などが個性的である。また、中学三年にはフランス語の授業が一・五時間加わり、高校では英語ではなく、フランス語を第一外国語に選択することもできる。

雙葉は芸術教科も特徴がある。美術のさまざまな表現を学ぶことで、自分を知り自分が何をすべきかを知るのだという。作品制作を通して他教科ともつながる。例えば「よく見て描くこと」は理科の観察にも通じる。

カトリック系中高の学習はどこも創立当初から「文理融合」を基本に、バランスに優れている傾向がある。そのため、卒業生は作家から医師まで、文理どちらの道にも幅広い。これは学習に修道院のスタイルが導入されているからではないかと、筆者は仮説を立てている。修道院のブラザーやシスターは自活生活をしているので、バランス良くすべてのことをやらねばならない。自分たちで育てた野菜を調理し、薬草を調合する。ラテン語や、宣教の地の言語を学ぶ。まさに生活そのものが文理融合なのだった。

†幼きイエス会のマチルド

フランスの「幼きイエス会」によって一八七五年に創立された「築地語学校」を前身とする「雙葉高等女学校」が創立されたのは一九〇九年。幼きイエス会はフランス・パリのサン・モール街にあったため「サン・モール修道会」とも呼ばれる。一七世紀、ニコラ・バレ神父は、献身的な子女の教育（貧しく小さいものを救う）を無月謝で行うため、「幼きイエス会」を設立。一八世紀のフランス革命時に解散を命じられるなど苦難の時期もあったが、それを乗り越えた一九世紀は同会にとって飛躍の世紀だった。

「幼きイエス会」の活動はヨーロッパにとどまらず、東南アジア、南米、アフリカなど、世界一六カ国に及ぶ。一九世紀後半には、東南アジアにも修道院・学校を開設したことから、シンガポールやマレーシアにも雙葉の姉妹校がある。

一八七二年五月にシンガポール修道院長メール・セント・マチルドは、一通の手紙を受け取った。隠れキリシタンの発見に立ち会ったことで有名なプチジャン神父からだった。プチジャンは、日本のカトリック司牧責任者だった。

手紙の用件は「切支丹《きりしたん》禁制がとかれる希望が見えてきた。いますぐ宣教女として来てもらいたい」。マチルドは早速パリ本院に電報で問い合わせた。シンガポールとヨーロッパの電信線の開通は、この日の前日だった。イエズス会もそうであったように、幼きイエス会も通信に重きを置き、最新の装置を躊躇なく使いこなす。その柔軟さがいまも継承されていることは、二〇二〇年コロナ禍で、カトリック校がＩＣＴを使いこなしていたことに垣間見える。

かくして承諾の返電を送り、マチルドは四名の宣教女とともにシンガポールを出発、六月二八日に横浜に上陸した。そしてプチジャン神父が用意していた居留地内の粗末な小さな家（横浜、山手五八番地）で、外国人子女教育と貧困孤児養育事業を開始。後年、山手八三番地に、さらに多くの孤児を収容できる土地を借りて「仁慈堂」をつくった。一八七五年には東京・築地の居留地に修道院を設け、築地語学校を開いた。

†雙葉の由来

横浜に一般の子女を対象とした横浜紅蘭女学校が開校したのは一九〇〇年、それが一九五一年に雙葉中高、一九五八年に横浜雙葉中高となった。雙葉の姉妹校はほかに、一九四一年創立の田園調布雙葉中学校・高等学校（東京・大田区。現在中学募集はなく内部進学のみ）と静岡雙葉、福岡雙葉がある。静岡雙葉は一九〇三年に仏英女学校として創立。その後、私立和仏英女学校、不二高等女学校と改称、一九五一年から現校名になった、福岡雙葉は一九三三年、福岡女子商業学校として創立。一九四六年に福岡雙葉高等女学校に改称、一九五一年から現校名である。

「雙葉」は、「ふたば葵」という植物の名に由来する。一八九七年、幼きイエス会のシスターたちは、英語・フランス語・西洋作法・西洋技法を日本女性に教える施設を東京・赤坂葵町に開く。町名から思いつき、その施設を「雙葉会」と名づけた。「ふたば葵は、一本の茎の先に、必ず二枚の葉をつける。それは、外国語の勉強を通して、西洋の女性と日本の女性が深い友情の絆によって結ばれることの象徴である」ということから、この「ふたば」が、そのまま校名となったのだ。

なお、校訓はいずれの雙葉でも「徳においては純真に　義務においては堅実に」。これは「神様と人の前に素直で表裏のないさわやかな品性を備え、やるべきことを誠実にやりぬく強さを持つように」という意味だそうだ。

一八一四年生まれのマチルドは、一九一一年に帰天した。五八歳で来日し、四〇年間にわたって、日本の子どもたちの幸せを祈願して献身的に活躍したマチルドを象徴しているかのような校訓とも言えるだろう。

3 仏教系

†世田谷学園

仏教系の中高一貫校も、各宗派によって創立された。仏教はキリスト教より伝来が早いため、明治以前創立の学校も少なくない。おそらく日本の私学の最古は、弘法大師空海が開校した「綜芸種智院《しゆげいしゆちいん》」（八二八年）であり、その流れをくむのが、洛南高等学校附属中学校である。世田谷学園中学校・高等学校（東京・世田谷区）は、一五九二年に創始された曹洞宗の学寮がルーツである。

世田谷学園の教育理念は、「Think & Share」。これは釈迦の「天上天下唯我独尊《てんじようてんげゆいがどくそん》」を、国際的に通用する言葉として英訳したものだという。「この世界で、私には、私だけがもっているかけがえのない価値がある。それと同じように、私だけではなくすべての人々にその人だけが持っているかけがえのない価値がある」というのが解釈。かけがえのない価値をもったすべての人々が、違いを認め合って共存できる社会でなければならない。世田谷学園では、この「人々」を「地球上の生物や環境」にまで意味を広げて、「Think & Share」の理念に至った。世田谷学園はスポーツがさかんで、古賀兄弟（古賀元博・古賀稔彦）など活躍した柔道家を多数輩出している一方で、学業分野でも名を成す卒業生が目立つようになった。新書大賞二〇二一年で大賞を受賞した『サラ金の歴史』著者・小島庸平（東京大学大学院経済学研究科准教授）などは好例だろう。

仏教は元来とてもグローバルな宗教だ。そもそもインドで発祥した仏教はユーラシア大陸を渡って日本にまで渡来したのだから、僧侶も世界を駆け巡ってきた。アメリカに禅を広めた最初は鈴木大拙だが、その下地の上に積み上げられた禅の思想と実践が、後年スティーブ・ジョブズに受け継がれてアップルコンピュータが生まれた。これは、太古の思想と近未来の発想を、仏教がつないだ例として、面白い。

世田谷学園では四年生（高校一年）が全員参加する一〇日間のカナダ研修やニュージーランド三カ月派遣留学（希望者）など、多彩な国際理解教育が充実している。受験生や保護者は校名に「国際」が入っていたり、「インターナショナルコース」がある学校ほど国際的だと勘違いしがちだが、仏教やキリスト教の中高は、もともと国際理解教育が充実していることが多いのだ。

さて、「Think & Share」に話を戻す。このような「共存できる社会」「共生社会」は、仏教校にあまねく共通する考えである。プロテスタント校のように毎日のように宗教行事がある学校も少なくない。お坊さんの話を聞く法話、座禅会、花まつりといった宗教行事が毎年実施されることが多く、仏教の世界感、生き方などを学べる。

ユニークなところでは、鎌倉学園鎌倉中学校・高等学校（神奈川・鎌倉市）。同校は臨済宗建長寺の学舎「宗学林」を前身にしているが、冬には、建長寺由来の「けんちん汁」の作り方を学ぶ。

†芝

戦前の旧制中学校は卒業後に試験や推薦などを得て旧制高校に進学した。都内の私立の旧制中学は、東洋英和学校（男子校）から分離した麻布尋常中学校（現・麻布中高）、郁文館（旧制中学当時は男子校だが、現在は共学。東京・文京区）、錦城（現在は高校のみ。東京・小平市）、攻玉社（東京・品川区）、順天求合社（現・順天中学校・高等学校。東京・北区）、正則（現在は東京・港区で高校のみ）、日本中学（現・日本学園中学校・高等学校。東京・世田谷区）、早稲田（東京・新宿区）などがあった。ちなみに当時は、青山学院中学部、慶應義塾普通部、明治学院普通学部は各種学校に分類されていた。

一九〇六年に私立芝中学校として開校した芝と、麻布中高は近距離に位置しており、戦前から「麻布、芝」と並び称される中学校として人気があった。都心部の学校に人気が集まるのは、いまとあまり変わらない。

芝は宣伝が巧みで、たとえば「芝温泉」(温泉に入っているように居心地が良い。自由。若干ヌルいという揶揄も入る)、「芝漬」(手塩にかけて生徒を育てる)など、一度聞くと忘れられないキャッチフレーズである。代々の校長先生は巧みな話術で男子教育の価値をアピールしたため、首都圏全体の私立男子校の人気を高めたともいわれる。芝の、おっとりとしながら自分のやりたいことを追求できる自由な校風は、卒業後の活躍につながる。作家の北方謙三、骨董商の中島誠之助、写真家の篠山紀信など、芸術方面の道を究めた卒業生は、そんな芝の校風に培われたのではないかと思う。時代の流れに敏感で、東京慈恵会医科大学と二〇二二年に中高大連携協定を締結した(調印自体は二〇二一年一〇月だったが、コロナのため調印式は二〇二二年七月に延期)。

芝は、もともと江戸時代に浄土宗七大本山の一つ、増上寺内に僧侶養成と徒弟教育の機関として開かれた。校訓は「遵法自治《じゅんぽうじち》」。第三代校長の渡邊海旭が生徒に示したものだ。

「遵法」とは法に従うことだが、いわゆる刑法や民法の意味ではなく、仏教的な意味の「法」である。全世界や宇宙の法、永遠の真理などに逆らわずに生きること。「自治」は、自主・自立の態度で自分を治めること。芝も生徒たちが自ら考え、自ら困難に立ち向かっていくことをとても大切にしている。

†国府台女子学院、淑徳

国府台女子学院中学部・高等部（千葉・市川市）は、一九二六年に浄土真宗（本願寺派）の国府台高等女学校として開校。「智慧《ちえ》」（何にでも関心を持ち、より深く学ぼうとする力）と「慈悲《じひ》」（友達と共に喜び悲しみをわかちあう心）という仏教の教えと、①「敬虔（自己中心性を捨て、謙虚にわが身を振り返る素直な気持ち）」、②「勤労（自分から進んで皆のために身体を働かせるという実践を通じ、自らの心性を高めること）」、③「高雅《こうが》（人間性と気高い品格を備えた状態）」の三大目標を置く。

国府台女子の中学部では、週に一回仏教の授業がある。「慈悲」の心が学内に浸透しており、卒業後も困ったことがあると気軽に母校に相談にくる温かい校風が大きな特徴だ。

国府台女子の高等部からは普通科の他に、美術・デザインコースもあり、生徒の多様性に対応しているのが特徴である。

淑徳大学、淑徳中学高等学校（共学、東京・板橋区）、淑徳与野中学・高等学校（女子、埼玉・さいたま市）、淑徳巣鴨中学高等学校（共学、東京・豊島区）などを擁するのが浄土宗の学校法人・大乗淑徳学園。大乗淑徳学園の中高は、東京・埼玉で人気を集めている。大乗仏教の精神である「『利他共生』の心」「ともに慈しみ、ともにいかしあう」が建学の精神だ。

淑徳中高は、尼僧の輪島聞声《わじまもんじょう》（校祖）が、一八九二年、小石川に淑徳女学校を創立したことに端を発する。女性の自立の基《もとい》を「静淑《せいしゅく》の徳（深い知性と情緒に富んだ人間性とに備わる高潔な人格）」に求め、聞声は、その涵養《かんよう》の大切さを繰り返し説いた。校名の淑徳は、この言葉に由来する。

淑徳女学校は一九〇六年に高等女学校令により淑徳高等女学校となり、一九四五年に校舎が空襲で全焼したため、現在の板橋に移転。一九四八年に現在の校名となって、一九九一年共学となった。

淑徳中高の教育理念は、「進みゆく世におくれるな、有為な人間になれよ」。また建学の精神は、Ｌｉｆｅ（生命）、Ｌｏｖｅ（愛）、Ｌｉｂｅｒｔｙ（自由）の３Ｌ。中学三年に全員が海外語学研修（三カ月、または一カ月）を実施、高校の「留学コース」は一年間の留学が必修であるなど、国際理解教育をかなり重視していることが見てとれる。

淑徳与野は、淑徳女学校第八代校長・長谷川良信（学祖）によって、一九四六年に埼玉県北足立郡与野町に、淑徳女子農芸専門学校が開設された。その付属校として淑徳高等女学校与野分校も併設され、これが前身となる。校訓は清純、礼節、敬虔。週に一度の「淑徳の時間」で心の教育を実践する。さいたま新都心近くの、自然との共生をテーマにした現在の校舎はとても居心地がよく、教育の豊かさと相まって、埼玉屈指の評価の高い女子校となっている。

淑徳巣鴨は出自がユニークである。前述の長谷川良信が西巣鴨のスラム街で、貧困にあえぐ人々を教化、救済する活動（セツルメント）として、一九一九年に社会福祉施設「マハヤナ学園」を設立したことに端を発する。一九二四年、マハヤナ学園内に、夜学の「大乗女子学院」を開き、一九八五年に淑徳巣鴨高等学校と校名を変更。一九九二年に共学化、一九九六年に中学を開設し中高一貫校となった。

淑徳女学校校長は浄土宗から任命されていたのだが、第八代校長の長谷川良信は、芝の出身だった。渡邊海旭の薫陶を受け、仏教社会事業に志を抱いた。そういうエピソードに、人と人がつながり合う私学の運命を感じる。一九五〇年に淑徳の諸学校は「財団法人浄土宗教育資団」（一九五一年に同法人は学校法人に改組）から、「学校法人大乗淑徳学園」に合流した。

淑徳ＳＣも淑徳女学校を前身とする。一九四八年に経営が「財団法人浄土宗教育資団」から「財団法人淑徳学園」へと移管され、新学制の下で別の淑徳学園高等学校となり、二〇〇八年に淑徳ＳＣ中等部・高等部へと校名変更された。このＳＣとは「Successful Career」の略であり、いわば女性として「よりよく生きる」ための教育を指す。なお、2024年より校名を小石川淑徳学園と変更する。

4　明治・大正・昭和（戦前）伝統系

明治・大正・昭和（戦前）には、独自の教育理念を打ち立て、それに賛同した人々が力を合わせて私学を創立した。各校は理念を継承しつつも、時代の変化に応じて柔軟に変化しながら、現在までその歴史を紡いでいる。

†開成

東大合格者数全国トップを継続する開成中学・高等学校だが、その歴史をたどると、同校はそもそも東京大学との関連性があったことがわかる。

開成の創立者・佐野鼎《かなえ》は、静岡出身の儒者で、江戸では名の知れた砲術家だった。鼎は、幕末の遣米使節として福沢諭吉らとともに咸臨丸に乗り、遣欧使節に追従して欧米各国を歴訪。その際に、日本には欧米なみの学校が望ましく英語教育の必要性を痛感したことから、帰国した一八七一年に共立学校を創立した。この「共立」とは、佐野鼎を囲む人々が共同して学校を盛り立てたことに由来する。

佐野が一八七七年に急逝すると、学校の運営は危機に見舞われた。この時学校を任されたのが高橋是清だった。高橋は当時大学予備門（後の第一高等学校、東大教養学部）で教鞭をとっていたが、予備門生の学力が低いことを感じ、入学前教育の必要を感じていたところだった。そこで共立学校の初代校長に就任し、大学予備門で必要な学科を教えることにする。大学予備門の講師も多数やってきたこともあり、共立出身者の予備門は合格者数でトップとなった。つまり、東大合格者ナンバーワンの「開成」史は、すでに開校の時から始まっていたわけだ。

しかし、高橋是清の教育目的は進学のみにあったわけではない。「学問の目的は、社会の利益を興さんとする」ところにあった。この学問観は、砲術家であった佐野鼎にも通じていた。佐野もまた実利的なことを重視していたのだ。当然その後の開成にも、この学問観は生きづき、現在に至る。

なお、同校は一時期(一八九五〜一九〇一年)、東京府立に移管された時期もあった。その際に校名が現在の「開成」となった。開成とは、易経繫辞伝にある「夫易開物成務」を出典にしている。「自然の開発と人間性の啓発培養につとめる」という意味だ。

†逗子開成

私学が創立され、後に関係者によって分校や姉妹校がつくられると、しばしば理念・校風が新たにつくられる。

逗子開成(神奈川・逗子市)は、一九〇三年に東京開成の分校、第二開成中学校として創立された。初代校長は、東京開成の校長だった田邊新之助。設立地は逗子市の池子だったが、すぐに現在地に移転した。逗子に設立されたのは、横須賀鎮守府の海軍軍人子弟の教育の便宜のためと伝えられている。

ちなみに、田邊新之助は逗子開成の開学と同時に、女学校の設立を企画し、一九〇四年に鎌倉女学校を設立。これが由比が浜にある現在の鎌倉女学院中学校高等学校だ。余談だが、田邊新之助の長男は哲学者・田邊元。西田幾多郎と共に京都学派の思想家として高名である。

第二開成は設立当初は各種学校だったが、その後中学校として認可され、一九〇九年に東京開成から独立し、校名も逗子開成となった。

しかし、その翌年一九一〇年に事件が起きる。逗子開成の一二名の生徒の乗ったボートが七里ガ浜沖で沈没、帰らぬ人となった遭難事件だ。この事件は若者の命が一瞬で奪われたこと、海軍の大規模な捜索にもかかわらず遺体発見が難航したことなどから、多くの人々の関心を集めた。追悼集会には五〇〇〇人も集まったといわれている。この追悼集会で、鎌倉女学校の生徒約六〇名が同校の数学の教師・三角錫子《みすみすずこ》のオルガンにあわせて「真白き富士の嶺~」で始まる「七里ガ浜の哀歌」を歌った。この歌の作詞は三角錫子だった。三角錫子は、のちに常盤松女学校（現・トキワ松学園中学校高等学校。東京・目黒区）の創立者となる。

それはさておき、逗子開成では一九八〇年に北アルプスの八方尾根で山岳部が遭難するという痛ましい事故が起き、その処理でしばらく大混乱に陥った。その混乱を収束させたのが一九八四年に理事長に就任した徳間書店創業者の徳間康快《とくまやすよし》だった。徳間康快は逗子開成の卒業生であるが、まさに同校の中興の祖となった。ブルドーザーに乗った織田信長と評される剛腕で学校を改革した。志願者の減少から一九七三年から募集停止していた中学は一九八六年に再開、二期制の導入、週五日制と土曜講座、海外研修の実施。施設としては徳間記念ホール（映画上映施設も完備）、海洋教育センターなど、ほぼ現在の逗子開成が出来上がったのだ。

徳間康快以外にも多彩な卒業生がいるが、クレージーキャッツの谷啓も同校の卒業生。ジャズプレイヤーとしての基本は、逗子開成の音楽部（現在の吹奏楽部）時代に培われた。

†麻布と司馬遼太郎

ここで、第二章で触れた麻布について少し補足する。小見出しに記した麻布と司馬遼太郎についてである。司馬遼太郎には、それまであまり脚光を浴びなかった歴史上の人物を主人公として、鮮やかに描いた作品がいくつもある。じつは司馬は、麻布の創立者・江原素六も作品の主人公にすることを考えていたらしい。結局それは実現はしなかったけれど、江原素六と麻布を記したエッセイ「黒鍬者《くろくわもの》」が『歴史と視点』に収められている。

城普請や戦場掃除などを行う最下級の御家人「黒鍬」の家に生まれた江原素六は、幕末に横浜の外国公館を警備するための警備隊「菜葉隊」に入り、講武所の砲術講義方となり、佐久間象山の塾に学んだ。やがて幕府の洋式軍隊の士官として累進したが、ほどなく江戸幕府は瓦解した。維新後、江原はキリスト者となり、麻布を創立することになるが、このあたりの経緯も、司馬は記している。

「素六は、明治期に忠誠心のやり場をうしなった非薩長系の武士たちが、人数こそすくなかったとはいえきわめて良質のクリスチャンとなったように、かれも受洗し、多少信仰上の経緯があったとはいえ、内村鑑三に似たふうの、その先駆的な型の信者になった。内村と似たふうといっても、内村のような毒気や多少の山気はなく、その武士的基督者《キリストしゃ》という点で似ているという意味である」

ちなみに、「明治の教育者としては福沢諭吉ほどでなくても、新島襄よりは魅力ある人柄だったように思える」と、司馬は江原を高く評価していたことがわかる。エッセイの最後には、麻布の関係者がやってくるくだりがある。ちょうど同校の学園紛争の時期で、どうやら司馬を訪ねてきた人物は前述した「山内事件」の当事者だったようで、そのあたりも興味深い。

†麻布、東洋英和、青山学院の接点

麻布の意外な開校史をご存じだろうか。カナダ・メソジスト教会によって、一八八四年に設立された男子校が東洋英和学校、女子校が東洋英和女学校で、後者は現在の東洋英和女学院である。麻布創立者の江原素六は東洋英和学校の幹事だったが、当時の東洋英和学校は公立の普通課程と異なり、法的には各種学校で、上級学校への進学資格が得られなかった。そのため別個に同校敷地内に東洋英和学校附属中学部として、一八九五年一月に、尋常中学東洋英和を設け、これが同年七月に麻布尋常中学校と改称した。つまり、麻布は東洋英和学校内で誕生したのだった。その後一九〇〇年に新校舎が完成し移転したのが、現在地である。

江原がキリスト者だったことは先に触れたが、幕末の志士からプロテスタントの信者となり、私学の創立者となったり、私学創立の関係者となったケースがいくつも見られる。江原はカナダ・メソジストの宣教師ミーチャムによってキリスト者となったが、同様に同

会の宣教師カックランにより、キリスト者となったのが青山学院の第二代院長の本多庸一だ。本多は元弘前藩士で、奥羽越列藩同盟に連なる幕末の志士だった。「腹の中から帯刀して生まれたる身に御座候」と語っていたが、この言葉に、彼そして幕末の志士たちの根源が示されている。

明治維新によって、彼らの志が潰えたとき、出会ったプロテスタントの宣教師たちと「誠実さ、清廉さ、論理的明晰さ」が武士の心と共鳴した。そして「自分の命よりも名誉・忠義を尊ぶ」のではなく、「他者のための自分として生きる」ことに納得し、キリスト者となり、それを広めるべく私学創設に向かったのだった。

5　士官養成系

†成城と攻玉社

古来より、日本の知識人は中国古典（漢文）の素養が非常に高い。それは私学の校名にも反映している。前述した開成以外にも、そうした知識から名前をとった学校は少なくない。たとえば、成城学園中学校高等学校の「成城」は、一八八五年創立。陸軍士官学校・幼年学校への予備教育を施す私学だった。その名は『詩経』（大雅篇）にある「哲夫成城《てっぷせいじょう》」からとったものである。哲夫とは知徳のすぐれた男子、成城の城は国を指し、国を成すという意味。従って成城の建学の精神は、知徳のすぐれた男子を育て、国家・社会に貢献する人材を輩出するということ。

また「攻玉社」は一八六三年創立。当初は蘭学塾だったが、明治以降は海軍を志望する生徒の予備教育で有名となった。その攻玉とは、詩経の「他山の石以て玉を攻《みが》くべし」から引用したもので、これが攻玉社の建学の精神。

そして、「郁文館」は一八八九年創立。校名は『論語』における孔子の言葉「郁郁乎文哉《いくいくことしてぶんなるかな》。吾従周《われしゅうにしたがわん》。」の「郁郁乎文哉」から取られた。「（周の武王・周公は、夏殷二代の国の諸制度を参考にして）輝かしい文化を創造した。だから私は周の国を参考にしてすべてのことをやっていきたい」という意味だ。

†海城

前述の攻玉社と成城、それに海城中学高等学校（東京・新宿区）を加えた三校は、戦前まで海軍兵学校や陸軍士官学校へのバイパス的役割を担っていた。上級学校（軍学校）への進学準備という特性に、大局的にものごとを考えるという軍人養成に必要な教育は、現在にも継承されている。出発点は同じでも、攻玉社や成城に比べて海城は大きく変化した学校である。

海城の創立者は古賀喜三郎。幕末（一八四五年）に鍋島藩（現・佐賀県）で生まれ、一五歳の時開明的な藩主鍋島閑叟《なべしまかんそう》（直正）により、出仕を命じられ、オランダ語での西洋砲術の研究を開始。一八歳で免許皆伝となり、長崎の伊王島《いおうじま》砲台司令に任じられる。そして、二〇歳の時に古賀の人生に大きな影響を与える出来事が起きる。長崎に停泊中の英艦に乗り込んだ際に、英国士官がよく訓練（教育）されているのに驚いたのだ。古賀はこのさき、海軍と教育に、自らの羅針盤を向けて行った。

明治維新を迎え、戊辰戦争では佐賀藩砲隊司令として奥羽討伐に加わり功勲を上げると、先輩の後押しもあって海軍中尉に任じられた。故郷の佐賀の乱を鎮圧した後、海軍兵学校の学監などを経て、三六歳で北米へ海洋航行に赴く。ここで古賀は「世界の中の日本人」であることに目覚めた。

帰国後、再び海軍兵学校に幹事として勤め、四六歳で少佐昇進と同時に退役した。古賀は現役時代にも、自宅の屋敷内に一貫塾という私塾を開いていて、学校創立の意欲は高まっていた。折しも海軍兵医学校予備校の経営を引き継いでくれないかという話があり、古賀はそれを承諾し、海軍予備校として再出発させることとした。

学校経営に取り掛かる前に、後に海軍大将や総理大臣にまで上り詰める山本権兵衛に会い、開校の旨を伝えたところ、山本も海軍教育の必要性を痛感しており、意気投合、感極った古賀は「山本さん、あんたは艦ばつくんシャイ、オイは人をつくるタイ!」と言ったそうだ。この海軍予備校が後に海城となった。校名「海城」とは、「海の城、戦艦」を意味する。

古賀の思いは、「国家・社会に有為な人材の育成」という建学の精神として、現在も継承されている。これは、一八九一年(明治二四年)一一月一日の開校式において創設者・古賀喜三郎が、その演説において説いたもの。それから一三〇年余の月日が流れ、グローバル化が進んだ国際社会、価値観が多様化した日本の成熟社会においては「有為な人材」とは、「新しい人間力」と「新しい学力」をバランスよく兼ね備えた人材であると、海城では読み替えているという。

まず「新しい人間力」とは、対話的なコミュニケーション能力とコラボレーション能力を兼ね備えた力のこと。これからの社会では、異なる背景の人間同士が関わって生きていき、また、異質な者同士が集まってお互いの良いところを引き出し合い、高いパフォーマンスを生み出していく、共生、協働の力が求められる。これが海城の唱える「新しい人間力」だ。

また「新しい学力」とは課題設定・解決能力。システムが複雑化した現代社会には、解決困難な問題が山積している。こうした問題には、記憶重視の知識獲得型の学力だけではなく、自ら課題を設定し、情報を収集・分析して価値評価し、何らかの解を導き出し、それを分かりやすく人に伝える統合的な能力が必要だ。海城ではそうした課題設定・解決の能力を新しい学力の中心に位置づけ育てている。

そのため、生徒による取材を重視した「社会科総合学習」、理科では「実験・観察・野外観察」を大事にした取り組みを展開している。二〇二一年には、理科教育をより充実させるための「サイエンスセンター」が竣工。さらに、実験施設の充実だけではなく、「発表の場」を充実させているのも大きな特徴。結局、優れた科学者、研究者になるには、人にわかりやすく説明するという「プレゼンテーション能力」が必要だからだ。

†男子に大事なのはグラウンド！

近年、男子校の人気が高まっている。男子校の魅力の一つとして、ある程度広いグラウンドの存在がある。グラウンドが「人工芝」だとなおよい（ただし、土のグラウンドにこだわる私学もある）。

放課後のクラブ活動や行事を行う上で大事なのはもちろん、男子は休み時間に広いグラウンドで思いっきり遊びたいもの。特に女子より男子は成長がゆっくりしているため、中学二年くらいまでは、仲間とともにワイワイ遊ぶのが大好きである。その意味でもグラウンドはとても大事なのだ。グラウンドを仲間と走り回ることで、協調性やコミュニケーション力という非認知スキルも身に付くため。近年人気の高い「駅前国際共学系」の多くは校地が狭く、充分な広さのグラウンドがない。男子の志望校選びを考える際に、この点も考慮したいものだ。

6　同窓会系

それほど数が多いわけではないが、私学の中には、ある学校（たいてい国公立）の志を抱いた同窓会（卒業生たち）が、費用を集めて、私学を設立する、「同窓会立」の私学もある。いくつかの同窓会系を紹介する。

†桜蔭

二〇二二年現在、いまだに女性が男子と同等に活躍できている社会といえない日本。理想を実現するには、まだしばらく我々は努力していかねばならないのだろうが、顧みれば、明治以降の女子校は、女子が学べる場の確保、女性の地位向上と女性が社会で活躍することを建学以来目指してきた歴史と言える（戦時中を除く）。女性が高等教育を受けられる学校は非常に限られており、そのなかでも東京女子高等師範学校（現・お茶の水女子大学）は、女性が学べる貴重な高等教育の場だった。

同校の同窓会「桜蔭会」の会員が、関東大震災後の焦土と化した東京を見て、女子教育機関の不足の整備と、社会報恩の念に燃え立ち、一九二四年に桜蔭学園を創立する。創立にあたり全国約三〇〇〇人の会員から、一口一〇〇円以上何口でもよいからと寄付を募った。当時の教師の初任給が七五～八〇円だから、一〇〇円は決して軽くはない負担だ。しかも、創立二、三年後まで応援を頼んでいたそうだ。こうした桜蔭会会員の「女性が学ぶ場を」という熱烈な思いが、桜蔭を形作り、真摯《しんし》に学びたい女子を、現在に至るまで惹きつけているのだろう。

桜蔭の建学の精神は「礼と学び」。桜蔭で教えられている「礼」とはどのようなものか。「礼法」で学ぶのは、相手を知り尊重することを忘れず、たとえ異なる価値観の人とも協働していこうとする心だ。桜蔭の「礼法」は中学で学ぶ。授業では、礼についての概論から、「体幹を保つ姿勢」「歩き方、座り方」「物の持ち方と受け渡し」などの基本を学ぶ。「食事の作法」「訪問と来客接待の作法」さらに「襖《ふすま》の開閉」まで、和室での所作を学ぶ。実生活で自然にその知識・動作を活用できるようにするのが狙いだ。

真摯に学びたい女性が集まるのが桜蔭。桜蔭の「学び」は、前述したとおり予習が前提のいわば反転授業である。授業前にしっかりと準備しておかないと、授業についていくことすら難しい。桜蔭に限らず難関校はどこもそうだが、特に桜蔭では自宅学習が必要。そのため少なくとも中学の間は学習塾に行く時間的余裕はない。わからないところは、学校で直接先生を訪ねて聞くべきだ。

他の難関校同様、桜蔭には主要教科という発想がない。すべての科目が大事だ。ただ数学や国語などを座学、そして体育や家庭科など動きのある教科を実学と呼ぶ。たとえば実学の際たるものである家庭科は、「自分でやる」「考えながら作業する」を大事にしていて、調理・被服製作・編み物などに取り組むのだという。中学三年間の授業・実習を通じ、自分の可能性や新しい興味に気づくとともに、問題解決能力をも高めていく。また、天体観測ドームなどの理科施設、図書館などの教育設備も充実している。

桜蔭の自由研究も特徴的だ。中学二年の頃から、自分の興味のあること、不思議に思っていることをテーマに研究を行い、中学三年時に提出、発表する。

桜蔭は西東京市のひばりが丘に一万八五八平米のグラウンドを有している。中学二年は二時間続きの授業を年に数回程度行う。また五月の体育大会は、このひばりが丘グラウンドで行う。中学一年から高校三年まで縦割りにしたチーム対抗で競技。そして高校三年は六年間の思いをこめてダンス「みのり」を踊る。九月の文化祭は、企画委員が縁の下の力持ちとして企画や運営を行うが、企画委員たちは四月から準備をはじめる。

桜蔭では中学一年と高校一年が同校の所有する浅間山荘で、二泊三日の合宿を行うが、中学一年は一学期に各研究班に分かれて下調べし、合宿後に現地で実際に学んだことを加えて、文化祭で「中一浅間」コーナーで展示発表をする。勉強もイベントも、桜蔭は、事前準備に怠りないのである。

桜蔭のクラブ活動。体育系のバレーボール部、バスケットボール部、卓球部にはⅠとⅡがあり、Ⅰは週一回、Ⅱは複数回の活動と別れている。ダンス部、水泳部、リズム水泳部は分かれている。また文化系は二四クラブあるが、天文ドームを活用した天文気象部、かるた部などが特徴的である。

†鷗友学園女子

桜蔭以外の同窓会立として、鷗友学園女子中学高等学校（東京・世田谷区）と茗溪学園中学校高等学校（茨城・つくば市）も紹介したい。また、同窓会系ではないものの、東京教育大学（一九七八年閉学、筑波大学の母体）が創立に関与した桐朋学園についても解説する。ちなみに、大阪の金蘭千里中学校・高等学校（吹田市）も一九〇五年に大阪府立堂島高等女学校（現在の大手前高校）の同窓会・金蘭会が創立した同窓会系だ。

鷗友学園女子は、東京府立第一高等女学校（府立第一高女）の同窓会・鷗友会によって、一九三五年に創立された。ちなみに府立第一高女は、東京初の府立高等女学校として開校し、二〇〇五年には都立初の公立中高一貫校となった、現在の都立白鷗高等学校・附属中学校。府立第一高女の創立五〇周年記念事業の一環として鷗友学園高等女学校の名で設立された。

鷗友学園女子の基礎を築いた人物として、二人の名前が挙げられる。まずは府立第一高女の校長を長くつとめた市川源三。市川はまだ良妻賢母教育が当たり前の七〇年以上前に、「女性である前にまず一人の人間であれ」「社会の中で自分の能力を最大限発揮して活躍する女性になれ」と教えていた。もう一人は、石川志づ。石川は、キリスト教思想家・内村鑑三と日本の女子教育の先駆者・津田梅子の薫陶《くんとう》を受けた教育者であった。第二次世界大戦中も英語教育を続けるなど、石川は国際社会で活躍する女性の育成を目指していた。また、キリスト教精神による全人教育を心の教育の基盤とした。現在でも、鷗友学園女子では、中学で週一時間の聖書の授業が設けられている。

この二人の考えが、いまも鷗友学園女子では日々実践され、「これからの時代に向けて生徒たちが広い視野を持ち、理解力と判断力を身につけた知性豊かな人を目指し、思いやりをもって多くの人々と協力し共に生きる心豊かなひとに育ってほしい」という教育につながっている。

鷗友学園女子は、中高六年の進路指導（キャリアガイダンス）が魅力の一つだが、その背景には、市川源三と石川志づの教育理念がしっかり存在している。

現在の多くの女子校ではキャリアガイダンスが充実し、男子校や共学校にも広がっているが、鷗友学園女子のキャリアガイダンスは、その中でもさきがけに近い。同校はとてもわかりやすくキャリアガイダンスを構造化したため、これがモデルケースとして、他校にも広がったのだ。

・中一……自分を見つめ直す
・中二……社会の課題を知る
・中三……講演、見学、職場訪問を通して将来の自分の姿を描く
・高一……自分の興味と学問のつながりを考え実際の大学の様子を知る
・高二……具体的に進路を絞り込む。授業からも学問の面白さを知る
・高三……大学進学以降の将来を含めて進路決定。大学入試は通過点だが勿論自分を律し研鑽し頑張る

†茗溪学園

筑波大学が筑波研究学園都市に開学したのが一九七三年。その五年後の一九七八年に東

京教育大学が閉学し、東京教育大学附属駒場中学校・高等学校（東京・目黒区）と東京教育大学附属中学校・高等学校（東京・文京区）は筑波大学に移管され、校名も前者が筑波大学附属駒場中高、後者が筑波大学附属中高となった。

しかし両校とも筑波に移転はしなかった。そのため、筑波研究学園都市では、筑波大学など研究者の中から、子弟の充実した教育を行う中高一貫校を求める声が高まった。そこで筑波大学の同窓会である茗溪会が一九七九年、茗溪学園を創立する。

設立当初から「考える学習を」「たくましい心身・豊かな情操を」「人間尊重の教育を」「国際教育を」「的確な進路指導を」の五つの柱に力を入れていた。

二〇二三年現在、この方向性の正しさは証明されている。例えば「考える学習を」の集大成は、高校二年全員が取り組む個人課題研究（一七歳の卒論）などに結実している。あるいは、「的確な進路指導を」では高校三年の「大学訪問」で、教授や学生に面会し、直接話を聞いたり、また進路資料も全国の大学のシラバスまで揃えるなどだ。「国際教育を」は、二〇一六年に国際バカロレア（ＩＢ）のＤＰ認定を受け、二〇一七年から高校にＩＢＤＰコース（日本語）を開設、二〇二二年からすべて英語で学べるＤＰコースも設置、また二〇二一年より知性を磨くクラスとして「アカデミアクラス」を開いた。

同校が学園都市にあり、アカデミックな校風だということもあり、研究者の子どもも多く、卒業生も研究者が少なくない。宇宙飛行士の星出彰彦と『もし高校野球の女子マネージャーがドラッカーの『マネジメント』を読んだら』で有名になった岩崎夏海は同級生である。この二人の共著『宇宙って面白いの？』は良い本だ。

†桐朋

桐朋学園が運営する桐朋中学校・桐朋高等学校（東京・国立市）と桐朋女子中学校・高等学校（東京・調布市）について。そもそもは山下汽船（現・商船三井）社長の山下亀三郎から陸海軍への寄付を基に設立された山水育英会が、一九四一年に第一山水中学校と山水高等女学校を開校した。

軍人の子弟子女の教育を目的としていたため、敗戦によって山水育英会は解散を余儀なくされた。学校も存亡の危機となったが関係者が奔走した結果、両校は東京文理科大学（旧制官立大学）と東京高等師範学校（後の東京教育大学）に移管され、一九四七年、財団法人・桐朋学園が誕生した。

「桐朋」は、東京教育大学の校章「桐」に由来し、その協力を仰ぐ「朋《とも》」という意味が込められている。東京文理科大学の学長であった務台理作が桐朋学園初代の理事長と校長を兼任し、一九四七年に桐朋第一中学校（翌年に桐朋中高に改称）、桐朋高等女学校（翌年に桐朋女子中高に改称）となった。

前述の茗溪学園もそうだが、東京教育大学は学びの本質を追求する校風があり、それは関係する私学に伝播している。桐朋・桐朋女子両校とも教科教育の深さが大きな魅力だが、それは東京教育大学からの流れもあるのだ。

7　家政・裁縫系と実業系

「家政・裁縫系」は、良妻賢母的側面もあったが、裁縫・調理などの家政学を学び、それで職業に就き、女性の社会的「自立」を促す目的もあった。また「実業系」も、同様に女性も職業に就き「自立」することを主眼においていた（男子の実業系もあるがここでは女子）。現在も「女性の自立」は家政・裁縫系も実業系もとても大事にしている。

ただ、長い歴史のなかで、家政・裁縫系、実業系女子校の中には、男子の受け入れを開始し、共学校となったり、そもそもの理念が大きく変えられて、ほぼ別の学校になってしまうケースもある。

ここでは、時代に合わせて変化しつつも、創立時の理念をしっかりと継承し、多くの受験生を集めている私学の代表例として、家政・裁縫系の大妻中学高等学校（東京・千代田区）と実業系の共立女子中学高等学校（東京・千代田区）を紹介する。また大きく変化した私学については第四章で少し紹介した。

✝大妻

大妻の創立者、大妻コタカは一八八四年に広島の田舎の旧家で生まれた。忙しい田植えの時期に生まれたので「コマッタことだ」と父親が言い、家族も「コマッタ児」と呼び、「コマッタ、コマッタ」と言ってあやしていたと。しかしさすがに「コマッタ」が名前ではまずいので「コタカ」としたと伝えられている。その父親もコタカが二歳の時に亡くなり、以降母親に育てられた。

コタカの家は、田舎でもさらに山間の僻地で、小学校までは怖い山道を越えて行かねばならなかったので、コタカは学校が嫌いになり、勉強もできなかった。しかし母親の励ましと、生来の負けず嫌いの気性により、徐々に勉強が好きになる。校長から、「下級生への教え方がうまい」と誉められ、また「どんなことでも努力すれば必ずできる」と教えられ、将来は教師になろうと決心した。高等小学校に進学すると、自宅からさらに遠い学校に通うコタカのために母親は朝四時に起きて弁当をつくってくれた。しかしその母親もコタカが一四歳の時に亡くなってしまう。コタカは一七歳で母校の先生となるが、向学心がさらに燃えて、ついに上京して和洋裁縫女学校で学び始める。

ちなみにこの和洋裁縫女学校は現在の和洋九段女子中学校高等学校（東京・千代田区）、和洋国府台女子中学校高等学校（千葉・市川市）、和洋女子大（千葉・市川市）などからなる和洋学園である。堀越千代が、東京の麴町区飯田町（現在の千代田区富士見）に設立（一八九七年）した裁縫の各種学校「和洋裁縫女学院」（一九〇一年に和洋裁縫女学校に改称）から始まる同校では、刺繡や編み物、割烹、家政学、習字、図画などの他に、数学、英語、教育学などの授業も開講していた。ちなみに堀越千代は、後には堀越高等女学校（現・堀越高等学校）も創立した。

コタカは、和洋裁縫女学校を卒業すると、私立小教員を経て神奈川師範学校で学んだ後、鎌倉小学校の訓導（小学校の先生のこと）となったが、すぐに大妻良馬と結婚する。工兵将校だった良馬は結婚前に退役し、上官の子爵の推挙により宮内庁に勤め、子爵の邸内の家に住んでいた。この家がコタカの新居だったわけだが、訓導を退き家庭に入ったコタカが細工物を作っていると、近所の娘が教授を請うようになり、塾が開かれることとなった。その後良馬の仕事の事情で転居したが、評判を聞きつけて塾生は増加していった。さらに三越主催の学校展覧会に出品した作品が好評だったことも影響して、一九一六年に各種学校の認可を受け、「私立大妻技芸伝習所」となった。コタカは以降、女性も男性と同じように学問を修め、職業に就き、経済的・社会的、そして人格的に自立する必要性を説いた。

大妻中高の校訓は「恥を知れ」だが、これは大妻家の家訓に由来する。「自分が自分の良心に対して恥ずるような行いをしてはいけない」「自分の行動に責任を持つ」という意味で、他人に言うことではなく、自分に対していうこと。まさに有言実行。この校訓は現在の大妻にも息づいている。

千代田区にある大妻中高の他に一九八八年に多摩に開校した大妻多摩高校（九三年に中学校開設）がある。また大妻中野中学校・高等学校（東京・中野区）と大妻嵐山中学校・高等学校（埼玉・嵐山町）は学校法人誠美学園が運営する別法人の私学だったが、二〇一三年に法人合併し、大妻系の中高一貫校は合計四校となった。

†共立女子

一八八六年に、三四名の発起人によって創立されたのが共立女子職業学校。明治維新後二〇年足らず、まだ立憲国家の体制も整っていない時期だったが、折しも自由民権運動の盛り上がりのなかで、女性の人格も認められだした時期でもあった。女性の自立は、女性に適応した職業を体得して実現できる、こう確信した宮川保全ら三四名によって産声を上げた。一八八六年四月の「共立女子職業学校設立趣意書」にはその熱い思いが込められている。

「竟《つい》に小学以上の学校教育は専中人以上の子弟に行われて、広く世の女子に及ぼすを得ざるに至れり、吾《われ》ら窃《せつ》に之を憂い、同志の者相せて、修身和漢文、英語、習字、算術の如き日用必需の学科を教授せんとするなり」（変体仮名、旧字は現代のものに変更）

算術、英語も掲げられていたが、当初の術科は裁縫、編物、刺繡、造花だった。後に図画も加えて五科となり、別に裁縫教員養成科及割烹科も置かれた。また術科のほかにも必ず、修身、読書、習字、算術、家事、理科の六科も課せられた。また座っての授業ばかりでは肩も腰もこってしまうということで、一九〇八年からは体育教員も迎えられ、教室で五分間の体操も行われたそうだ。

一九一一年に中等学校教員の資格が取れる高等師範科が設置され、翌年には家庭科が新設。鳩山春子（クリスチャン教育者、戦後の総理大臣・鳩山一郎の母親）が主任として迎えられた。関東大震災の苦難を越えて、鳩山は学校組織の改革に乗り出し、高等師範科を専門学校令による専門学部に昇格させ、本科、受験科、家庭科、専攻科の改善を行い、近代的学校への脱皮を図った。

共立女子の建学の精神は「女性の自立と社会に役立つ女性の育成」である。校訓は「誠実・勤勉・友愛」。共に現在も大事に継承されている。なお、正岡子規の妹、律は子規の没後である一九〇三年に三二歳にして共立女子職業学校に入学、卒業後は事務員を経て和裁の教師をしていたそうだ。逞《たくま》しく生きた正岡律は、まさに共立女子の建学の理念を具現化している。共立女子は、美術教育の充実も大きな特徴だ。

8　財団系

企業や財閥がバックアップして創立された私学も多い。設立の中心人物はさまざまだが、企業は資金的なサポートに徹し、教育内容に関しては信頼できる教育者や現場の先生に委ねる方が成功する。ここでは、浅野中学校・浅野高等学校（神奈川・横浜市）と、武蔵高等学校中学校の創立の流れを紹介する。武蔵は現在の中高一貫教育の源である七年制高等学校の出自もある。他の七年制高等学校なども紹介する。

†浅野

京浜工業地帯の造成で有名な浅野総一郎は、日本海に面した富山県で、一八四八年に生まれた。実家が医者を兼業していたため、町医者の養子となり医学を学び始めたが、彼の心は学問にはなかった。沖を激しく行き来する千石船を見て、自分もいつかはあのように商売や実業で成功をしたいと考えていた。

一四歳で実家に戻った総一郎は、編機や醬油醸造、稲扱きの販売を行ったがことごとく失敗し、あげくの果てに借金をつくって故郷を後にせざるを得なくなった。上京した総一郎は水の行商、横浜の味噌屋の奉公などの仕事をした後、独立して竹の皮の商売を手始めに、薪炭商から石炭商も営んだ。商売が軌道に乗ったところで、総一郎は強盗と火事に見舞われ、またしても無一物になる。

当時の横浜の街はガス灯で照らされていたが、この燃料は石炭。総一郎は横浜瓦斯局から、廃物として生じたコークスとコールタールを払い下げてもらった。この二つの廃物はセメントや製紙業の重要な燃料で、総一郎はこの成功で、復活の礎を築く。その後は西南戦争に伴う石炭価格の暴騰、政府からセメント会社（後の浅野セメント）の払い下げ、共同運輸の創立（後の日本郵船）、さらには前述した京浜工業地帯の造成など、次々と事業を拡大した。

まさに九転十起の精神で大成功を収めた総一郎だが、事業継続のための人物の育成を痛感していた。特に若い時、勉強を途中で投げ出したため、何度か困難に遭遇したことを後悔していた総一郎は、学問の重要性を認識し、学校設立を考えるようになった。

その頃、アメリカに、学校内に工場をつくり、科学技術教育、実用的な語学教育など幅広い総合的な教育を行う「ゲーリー・システム」という勤労主義の学校があることを知り、タイミングよく、知人の水崎基一（同志社大学教授）が教育事情視察で渡米することになったので、その研究を託した。結果として、総一郎はそのシステムを導入して一九二〇年に浅野綜合中学校（現・浅野中学校・高等学校）を創立した（初代校長は水崎基一）。総一郎が七二歳のときのことであり、その一〇年後に総一郎は八二年の人生を終えた。

浅野の校訓の一つは、まさに総一郎の生き方であった「九転十起」。もう一つは「愛と和」であった。現在も「失敗しても諦めずに、もう一度そこから学んで挑戦して行こう」とすることを大切にする精神として浅野に息づいている。

ちなみに、浅野の卒業生には神奈川・横浜で活躍する卒業生も多い。関内の老舗天麩羅屋「天吉」の原茂男さんは同校の出身（知人なので「さん」をつける）。妹はサザンオールスターズの原由子（フェリス女学院）。ちなみに桑田佳祐は鎌倉学園出身。ホリプロ創業者の堀威夫も浅野の出身である。

†武蔵

私学が牽引《けんいん》する中高六年間一貫教育。根本は大学など高等教育で必要な力の育成のための中等教育だ。中高一貫の中等教育にあたる流れは、戦前の七年制高等学校に端を発する。この七年制高等学校の代表的存在といえば武蔵だ。そして、武蔵は財団系にも分類できる。まずは七年制高等学校の説明から始めよう。

明治維新以降、政府は欧米と比肩《ひけん》する近代的な国家作りに力を注いだ。教育も例外ではなく、欧米の制度を参考にして制度を整えていった。この際に日本の教育は上下二方面から整備された。まずは下から、つまり初等教育の整備だ。富国強兵のために義務教育として尋常小学校の初等教育を義務化した（当初四年、後に六年）。一方で、国家を担う人材の育成が必要とされ、上から、つまり高等教育たる大学を整備した。当初の大学は、現在の東京大学のみで、その後に設置された京都大など帝国大学のみが「大学」だった。私立が国家により大学として認められるのは一九一八年の大学令まで待たねばならなかった。

さて、帝国大学には予備教育機関として、高等中学校（後に高等学校。いわゆる旧制高校）が置かれた。ここを卒業すれば、ほぼ自動的に帝国大学に進学できた。ただし、問題はこの（旧制）高等学校への入学だった。尋常小学校を卒業すると、試験などを経て、義務ではない（旧制）中学校に一部の生徒が進学する。明治以降時代が進むにつれて、日本の教育制度の整備と共にこの中学校数と生徒数は増大していった。しかし一方で彼らを受け入れるべき高校の数は大して変化がなかったために、高校受験は大変な受験戦争となっていったのだ。

この打開策を探ることも含めて、一九一七年に臨時教育会議の官制が公布され、その答申に基づき、一九一八年に大学令と高等学校令が公布された。この新しい高等学校令では、「高等学校の修業年限は七年とし、高等科三年、尋常科四年とす」と定められたが、「高等科のみを置くことを得」とただし書きされた。そのため従来の三年制高等学校はそのままとされた。そして制定後は三年制高等学校一四校が続々と開校していった。一方七年制高等学校は制度だけは存在していたものの、費用等の面もあってか、私立・官立（現公立）共に誰も着手しなかった。そのような状況下、実業家の根津嘉一郎によって、武蔵高等学校が創立される運びとなった。

根津嘉一郎は一八六〇年山梨生まれ。武士的教育を受けて育ち、一八歳で東山梨郡役所書記、村会議員、県会議員などを歴任し政界に頭角を現す一方で、理財の道を郷土の先輩に学び、電灯、ビール、食品、紡績、保険など多岐にわたる事業を経営した。

東武鉄道への参画もその一つ。一九〇三年に、経営不振に陥り無配当にまで落ち込んでいた東武鉄道の経営に着手し、二年目には配当が復活。また利根川の大鉄橋を建設し、栃木・日光や、群馬・伊勢崎まで路線を延ばして、観光線としての道を開いた。同様に関西の破産寸前の高野鉄道も高野山入口まで延ばして業績を回復させる。

嘉一郎は鉄道の「事業立て直し」とともに、それまで実用本位と考えられていた鉄道に、観光という「文化性」を持たせた。嘉一郎はもとも文化志向が強く、それは現在残されている根津美術館（東京・港区）からもよくわかるが、それ以上に武蔵学園に色濃く表れている。武士的な倫理観を持ち合わせていた嘉一郎は、社会で受けた恩（利益）は社会に還元すべきで、特に社会繁栄の源となる教育事業への貢献（奉公）が最善だと考えていた。以前から勧説を受けていた文部省事務官の仲介もあり、武蔵を設立する。ちなみに嘉一郎は事業不振の運営に参加し、その「救済」が完了すると、多くの場合すぐに身を引いた。武蔵も創立以降はすぐに身を引いて、教育内容や方針についてはすべてを学校スタッフに任せてしまい、自分は育英会を通しての資金的な援助に徹したのであった。

財団系で、隆盛したり長く続く私学は、嘉一郎のような潔さがじつはポイントだ。前述の浅野総一郎もそうだし、阪急の小林一三もそうだった。彼は阪急沿線の私学を相当援助しているが、ほぼ表側には出てこない。最近も企業系の私学がいくつかあるが、どうもその企業が前に出過ぎている傾向があり、あまり感心しない。例えば海陽中等教育学校（愛知・蒲郡市）も企業が出過ぎているだろう。

†武蔵の誕生

話を戻す。かくして、一九二一年に武蔵高等学校の設立が認可された。じつは最初の校名は「東京高等学校」だった。ところが、文部省が当時東京に計画中の三年制高等学校をにわかに七年制に変更し、その学校のために「東京」の名を譲ってほしいとの申し入れがあった。検討の結果、「武蔵」が採用された。「武蔵」は国名にもちなんでいるが、戢武《しゅうぶ》（武をおさめる）崇文《すうぶん》（文をたっとぶ）の平和主義を託した創立時の人々の思いも反映されている。翌一九二二年最初の入学式が挙行され、その際に初代校長の一木喜徳郎から、以下武蔵の三理想が発表された。

1　東西文化融合のわが民族使命を達成し得べき人物を造ること
2　世界に雄飛するにたえる人物を造ること
3　自ら調べ自ら考える力を養うこと

この理想2を言い換えると「国際化」。理想3は「自調自考」で、どれも日本の教育においては先駆的な内容だった。当然、現在の武蔵にすべて継承されている。また実践された教育内容も現在の武蔵につながる充実ぶりだった。以下で当時の各教科の特色を少し紹介する。

【国語・漢文】

理想1の「東西文化融合」の観点からも、武蔵では中学一年から漢文に親しむ。また、古文でも抄本を避け完本を用いた。例えば「平家物語」の完本を中学二年の教科書として使用する。時間の制約もあって教室では一部しか学べないだろうが、興味を持てば全巻を自力で読み終えられるのだ。これこそ少し教えれば、後は生徒が自分で進められる「自立」であり、武蔵らしく、かつ難関校らしい指導だ。

【地理・歴史】

初学年から地図の解読や実地踏査を実施。

【外国語】

開校当初から英語では四〇人の組を二〇人ずつの二組に分けて「分割授業」を実施、また初学年から外国人教師による授業も実施。

【数学・理科】

数学は、尋常科から微積分や行列式の初歩などを学んだ。理科においては、動物・植物の観察や天体・気象の観測、日常生活に関係の深い物理・化学的現象についての実験などを実施。これもまさにいまの武蔵の魅力に直結している。

自ら調べ自ら考えるために、自然の中での生活を体験する山上学校（創立時より）と海浜学校（創立三年目から）も実施され、このうち山上学校はいまも同校で実施されている。

武蔵の卒業生は旧制時代を含めて、政治家、行政系などに多数の人材を輩出している。

第七八代総理大臣・宮澤喜一などが好例だが、ささきいさお、西崎義展、豊田有恒などなどもいる。「武蔵」出身者が（宇宙戦艦）「ヤマト」に関連（ささきは主題歌歌手、西崎は企画制作者、豊田はクリエーター）していたというのは出来すぎた実話だ。

9　七年制高等学校とその仲間たち

†成城にはじまる自由主義教育の流れ

前述したように、成城は士官養成系だった。児玉源太郎など、明治の陸軍を代表する将軍を校長に迎えるなど、まさに「陸軍の成城」だった。しかし、一九一六年に校長に就任した澤柳政太郎により変化する。具体的には、自由主義教育がもたらされたのだ。澤柳は一九一七年に成城に小学校を附設し、

①「個性尊重（付、能率の高い教育）」
②「自然と親しむ教育（付、剛《ごう》健《けん》不《ふ》撓《とう》の教育）」
③「心情の教育（付、鑑賞の教育）」

④「化学的研究を基にする教育」の四目標を掲げた。また小学校を開設後に、同校の主事となったのが小原國芳。彼は一九二九年、全人教育を掲げる玉川学園を創立。ちなみに小原は一九三三年に創立された湘南学園の初代学園長でもある。そしてこの一九三三年には成城学園から分かれて和光小学校も設立された（中学は一九四七年開校）。

澤柳政太郎は、ダルトン（ドルトン）式教育法の創始者、ヘレン・パーカストを一九二四年に招き、子どもの自主性を大切にするダルトン・プランについて、成城や各地で講演を行った。この時パーカストの通訳や解説講演を行ったのが、成城に勤めていた赤井米吉。赤井は他の仲間とともに、一九二四年に明星学園を創立。また一九八五年には、この明星学園小中の校長だった遠藤豊によって自由の森学園が開校されている。

このように成城からは自由主義教育の豊かな流れが現在まで脈々と続いているのだ。なお、これらの流れとは直接関係しないが、ダルトン・プランの実践校として二〇一九年にドルトン東京学園中等部・高等部も開校している。赤井米吉も澤柳政太郎も、ダルトン・プランは、あまりにも生徒の自主性に任せすぎると判断し、熟考の末採用には至らなかった。それを一〇〇年後に採用した学校がなぜか開校したわけだ。この歴史を知っている筆者にとっては不思議な感じがした。

話を成城に戻す。成城小学校が創立され、最初の最上級生が卒業を迎える一九二二年に、「教育の一貫」を求める父母の要求に応える形で、小原國芳が尽力し、成城第二中学校が開設、一九二五年に府下北多摩《きたたま》郡《ぐん》砧《きぬた》村《むら》喜多見《きたみ》に移転した。その後校名にちなんで、同地は成城という地名となった。つまり世田谷区成城という地名の方が後だ。

一九二六年には七年制高等学校として、成城高等学校が創られ、第二中学校はその尋常科に組み込まれた。翌年、五年制の成城高等女学校が創立。戦後は旧制高等学校と旧制高等女学校が廃止され、成城学園中学校・成城学園高等学校（共学）となり、現在に至る。

†成蹊

成蹊中学・高等学校（東京・武蔵野市）は、自由な立場で真の人間教育を行いたいと考えた教育者・中村春二が一九〇六年に開設した学生塾に端を発する。翌年成蹊園と名付けられたその私塾は、三菱の総帥である岩崎小弥太と銀行家の今村繁三の賛助を得て、一九一二年に成蹊実務学校を東京・池袋に創立、一四年に成蹊中学校、一五年成蹊小学校、一七年には成蹊実業専門学校と成蹊女学校を創設した。中村は一九二四年に逝去するが、一九二五年に七年制の成蹊高等学校が開校、成蹊は発展を続けた。

ちなみに成蹊の校名は司馬遷『史記』「李将軍列伝」の「桃李不言下自成蹊（桃李《とうり》物言わざれども、下おのずから蹊《こみち》を成す）」に由来する。桃や李は何も言わないが、その花や果実の下には自然と小道ができる。優れた人格者は、黙っていても慕われ、自然とまわりに人が集まるという意味だ。

†学習院

学習院は一八四七年京都に開校し、一八七七年東京へ移転、華族学校として開設された。じつは当時から華族以外の子弟の入学が認められていたことはあまり知られていない。その後宮内庁管轄の官立学校となり、大正期には中等科（五年）、高等科（三年）の八年制を採用した。他の七年制高等学校同様、高等科卒業生の大部分は官立大学に進学し、うち三分の一が東京帝国大学だった。

学習院女子は一八八五年に華族女学校として開校。学校運営の中心を担ったのは、一八九九年に実践女学校（現・実践女子学園）を創立する下田歌子だった。華族女学校は一九〇六年学習院と合併し学習院女子部となり、一九一八年再独立し女子学習院となった。一九二一年より同校は幼稚園（二年）・本科（一一年）・高等科（二年）で構成され、本科では小学校と高等女学校課程をあわせた一貫教育が行われた。

✝甲南と浪速高校

関西の七年制高等学校についても二校紹介する。まずは実業家・平生釟三郎《ひらおはちさぶろう》によって創立された甲南。平生は「世界に通用する紳士」を育成すべく一九一九年に甲南中学校を開校、一九二三年には尋常科四年、高等科三年の七年制高等学校へと発展した。また一九二〇年に甲南高等女学校（現在の甲南女子中高等学校）も開設されている。

浪速高等学校は、一九二六年に公立の七年制高等学校として設立されたが、三年制の大阪高等学校（一九二一年創立）と共に一九五〇年に廃校となる。新制の大阪大学に包括された両校の跡地は、大阪高校が一般教養部の南校、浪速高校が一般教養部の北校となった。

余談だが、国公立大学でも源は私学の場合がある。

大阪大学は、江戸時代（一八三八年）に緒方洪庵が設立した適塾に端を発する。長崎大学もやはり江戸時代（幕末だが）に礎がある。一八五七年にオランダ軍医のポンペ・ファン・メールデルフォールトが、幕府医官松本良順ら一二名に対し、オランダ語による医学講義を開始した。この医学伝習所が長崎大学の創基となったのだ。

10 国立大学附属系

†東京大学附属も七年制高等学校の流れ

武蔵が校名を譲った東京高等学校は一九二一年に設立された。戦後の学制改革で旧制高校制度が廃止されると、東京高等学校は東京大学に包括され、高等科(三年)は東京大学教養学部に、尋常科(四年)は東京大学教育学部附属中学校・高等学校(東京・中野区)の前身となった。同校は二〇〇〇年に東京大学教育学部附属中等教育学校に移行したため、名実ともに中高一貫教育の正統な流れの学校だといえる。

じつは東京の国立大学附属は、全国の一般的な国立大学附属と異なり教員の異動がない。ゆえに私学のように、卒業生は先生に会いにいけるし、校風も色濃く継承される。

†筑波大学附属駒場

筑波大学附属駒場中・高等学校は、一九四七年東京農業教育専門学校附属中学校として開校した。明治政府は、先進資本主義諸国の農業技術を積極的に導入しようと図った。ウイリアム・スミス・クラーク（クラーク博士）を迎えてアメリカの農業技術を取り入れたのが札幌農学校（現在の北海道大学）、オスカル・ケルネルを迎えてドイツ農法を吸収したのが駒場農学校だった。

後者の系譜にある筑波大学附属駒場には、ケルネルが利用した試験田「ケルネル田圃」がいまなお残っている。筑駒の中学一年は、田植、稲刈、脱穀までの米作りを体験し、餅つき、赤飯などを食べながら、環境問題や稲作文化を学ぶのだ。駒場農学校は、一九五二年に東京教育大学附属駒場となり、東京教育大学の閉学と筑波大学の開学により、一九七八年に現校名となった。

同校の教育方針は「学業」「学校行事」「クラブ活動」の三つの教育機能を充実させ、学校という場で、生徒の全面的な人格形成を促し、発達させていくのだという。

また国立大学附属の使命として教育研究や教育実習に協力、そして「国の拠点校」「地域のモデル校」として日本の初等中等教育における研究開発を行う。実際、同校はＳＳＨ（スーパーサイエンスハイスクール）に指定されており、次世代の教育情報化の取り組みが行われている。国際教育拠点としても機能しており、台湾や韓国の高校との交流、海外からの教育施設団や海外修学旅行生、日本の大学で研究している研究者との交流もさかん。さらに国際科学オリンピックなどでは多数の日本代表も輩出している。

筑波大学との連携では、中学三年と高校二年の全員が筑波大学の研究室を訪問し、学問の最先端に触れ、第一線の研究者から直接教えを受けることができる。

さて、筑駒は中高一貫教育を実践しているが、高校から約四〇名入学するので、完全型中高一貫校ではなく、併設型である。

筑駒の三大行事「音楽祭」「体育祭」「文化祭」では、成功に向けて長期の共同作業がある。同校のクラブ活動においては、複数のクラブに所属する生徒が多いのが特徴である。筑駒ジャグラーズ（ジャグリングの同好会）は近年有名になった。

なお、筑駒は卒業生の活躍ぶりは言うまでもないが、奥行きもある。『文藝春秋』二〇二三年四月号に掲載された「同級生交歓　筑波大学附属駒場中・高等学校平成10年卒」において、「俳優・吉橋航也、AV男優・森林原人、東京大学大学院経済学研究科教授・小島武仁、大阪大学大学院経済学研究科教授・安田洋祐、評論家・與那覇潤」と並んだのは圧巻だった。森林原人の存在は以前から筆者は知っていて、筑駒の先生に「卒業生ですか?」と尋ねたことがある。その時お聞きした先生は「そうだよ」と普通におこたえくださった。誰に迷惑をかけているわけでもない、という主旨のことをおっしゃったので感激したことがある。

†筑波大学附属とお茶の水女子大学附属

続いて文京区の筑波大学附属とお茶の水女子大学附属。両校とも明治以降の歴史があり校風と理念も現在に継承されている。

筑波大学附属は、一八七二年に神田昌平坂学問所《かんだしょうへいざかがくもんしょ》跡に設置された師範学校(後の高等師範学校)に端を発する。高等師範学校とは中学校の教員養成を目的とした官立学校である。一八八八年にその高等師範学校に設置された尋常中学科として創立した同校は、東京高等師範学校附属中(一九〇三年)を経て、戦後の一九四九年に学制改革で東京教育大学附属中学校となり、一九七八年に現校名となった(筑波大学附属駒場と同年)。

校訓は「強く、正しく、朗らかに」で、一九三一~四一年に校長を務めた馬上孝太郎《もうえこうたろう》が唱道して、いまにつながる。現在、筑波大学附属中から附属高へは約八割が進学する。伝統私学との交流もあり、学習院、学習院女子との運動部総合定期戦「院戦」、開成とのボート部の定期戦「開成レース」は伝統行事だ。

お茶の水女子大学附属は、東京女子師範学校（一八七五年創立）の附属高等女学校として創設され（一八八二年）、中等学校女子教員養成を行う女子高等師範学校附属高等女学校（一八九〇年）を経て、東京女子高等師範学校附属高等女学校（一九〇八年）となった。戦後の一九四七年に学制改革で、男女共学の東京女子高等師範学校附属中学校が発足、翌年の新制附属高等学校（女子のみ）を経て、一九五二年にお茶の水女子大学教育学部附属に、一九八〇年に現校名となった。

教育目標は「自主・自律・広い視野」。ちなみに、附属高校は女子校なので、附属中学の男子は他の高校を受験する。中学からそのまま高校へいく女子はだいたい七割程度である。

ちなみに、秋篠宮悠仁親王が学習院ではなく、お茶の水女子大学附属幼小中から筑波大学附属へと進学したことに対して違和感を持つ人も少なくなかったようで、筆者もそのことで何件か取材を受けた。学習院と、筑波大学附属の前身である東京高等師範学校附属中と、お茶の水女子大学附属の前身である東京女子高等師範学校附属高等女学校は、前述した行事や教員の交流などで明治時代から深い関係にあったため、筆者にとっては何ら不思議な話ではないと説明した。

†東京学芸大学附属と東京大学教育学部附属

東京学芸大学附属の中学校は、東京に四校ある（小金井、国際、世田谷、竹早）。このうち、練馬区の東京学芸大学附属国際中等教育学校は、前述した東大附属と同じく中等教育機関で完全型中高一貫校のため高校募集はない。この学芸大附属国際は、国際バカロレアの「中等教育プログラム」（MYP）と日本語と英語のディプロマ・プログラム（DP）を実施している。

一方、東京学芸大学附属小金井中学校、同・世田谷中学校、同・竹早中学校の三校は中学三年間のみ。各中学から世田谷区下馬の東京学芸大学附属高等学校へ、附属中学校枠で進学できるが、大体三～五割程度のため、中高一貫校色はそれほど強くない。

参考文献

横浜プロテスタント史研究会編『図説　横浜キリスト教文化史』有隣堂
『栄光学園40年の歩み』栄光学園

山本洋三『栄光学園物語』かまくら春秋社
共立女子学園百年史編纂委員会編『共立女子学園の100年』学校法人共立女子学園
武蔵70年のあゆみ編集委員会編『武蔵七十年のあゆみ』学校法人根津育英会
『創立六十周年　櫻蔭學園』桜蔭中学校・高等学校

第六章

志望校選びのポイントと中学受験準備

この最終章では、中学受験にあたって、志望校の選び方とその準備について記す。志望校選びは、ほんの数年前と比較してもずいぶんと変化している。そうした短期的な見通しより、できるだけ長期的な視野に立って述べていきたい。

1 志望校の決め方

†保護者の価値観

子どもの志望校を選んでいく上でまず大事なのは、両親がよく話し合うことである。なんだ、そんなことかと思われるかもしれないが、子どもの志望校選びは結局のところ、保護者の価値観の反映だ。

例えば、両親の出身地が違うと価値観は異なることが多い。かたや地方出身、もう一方は首都圏出身だと、かなり価値観がずれていることがある。

地方の公立高校を卒業し難関大学に合格して上京した保護者の中には、自分の成功体験を子どもの志望校選びに応用しようとする傾向がある。公立高校優位の地方では、選択肢としての私学が少ないため、私学を中心とした中学受験自体に否定的な地方出身者も少なくない。大学進学の実績を目にして、私学と公立の大きな差に愕然《がくぜん》としたことから、やむなく中学受験を志すというのが、一つのパターンだろう。ただし、二〇二〇年以降は公立のコロナ対策の拙《つたな》さに、私立中学に向かうケースが増えた。

あるいは、大学合格実績重視派の保護者の中には、私学を「効率よく難関大学に入れてくれる装置」と認識し、「中高六年分を五年に圧縮」や「補習と講習の充実」「先取り」など、「到達型学力」を求める人はまだ多い。

または「難関私学に入れないようなら、公立中学へ行け」と、子どもの自信を喪失させる発言をする保護者。さすがに、あからさまなこのタイプの保護者は減ってきているが、それでも心の底で相変わらずこの考えを持っていることが、面談などから感じとれることもある。しかし志望校選びをしている段階で、保護者自身が「認識のズレ」に気づくことも最近は多くなってきた。

さて、祖父母（保護者の両親）や親戚など、家族以外が介入してくる動きにも注意しないといけない。せっかく家族で決めたのに、両親の父母・義父母が「そんな学校はどうなのか」「昔はたいした学校じゃなかった」とか、難癖をつけてくることがあるのだ。これまた旧来の価値観で攻めてくるので、「時代は変わった」という説得を早い段階からしておく必要がある。

†保護者の話し合いが重要

志望校選びは、まずご家庭で「どういう学校が理想か」を、腹を割って話すことが大事だ。両親の価値観がずれていると、最終段階になってもめることが多々あるので、話し合いはぜひ早い段階からはじめたい。

「伸び伸びと育ってほしい」「さまざまなことに興味を持ってほしい」などは、どの保護者も願うことだ。そして「難関大学に入ってほしい」「国際的に活躍してほしい」「経済的に苦労しないでほしい」も、共通する子どもの将来への期待ではないだろうか。

子どもに幸せな人生を歩んでほしいというのが、両親の思いの根源となっていることに異論がある方は少ないだろう。では、もう一歩踏み込んで考えてほしい。どんな人生が幸せなのか。子どもが元気に育つことは最優先だが、例えば、日々充実感を持てる生活か。充実感だけではなく、物質的に貧しくない、できれば豊かな生活を送ることも大事だろう。物質的な豊かさと精神的な豊かさのほどよいバランスはどこにあるだろう……というような、子どもの成長や将来に関心を向けるいい機会である。

結論を出せるようなテーマではないが、保護者が話し合うことにとても意味がある。そうした話し合いには、保護者がそれまで人生で得てきた価値観が反映されるのだ。

この話し合いによって、志望する私学が見えてくる。もちろん、その話し合いの結果として、中学受験の目的が、難関大学に入れるための装置だと一致するなら、それはそれでいいのだろう。

†中学高校の六年間を過ごす場所

志望校選びにおいて、教育内容や大学実績にまず注目しがちだが、合格した後には、そこで六年間過ごすということにこそ注意を払いたい。前にも触れたが、教室の広さ、校庭や自然環境という学校の〝インフラ〟は、子どもが育っていくなかでとても大事だと筆者は考える。多感な時期を過ごす場所だ。季節の移り変わりをキャンパスの自然で感じること。走り回れる校庭など。ただ、これも価値観なので、保護者で話し合ってほしいポイントだとしか言えないのだが……。

一方、学校の立地という言い方ならば、どの保護者にとっても気になる部分だろう。最寄り駅がターミナル駅だと、治安上避けたがる保護者もいる。池袋駅近くにある豊島岡女子学園中学校・高等学校、新大久保駅そばにある海城などは、繁華街が近い人気校だ。

結論からいえば、筆者はあまり気にしないでよいのではないかと考えている。

学校の外は登下校の時しか通過しないし、繁華街の治安は思われるほど悪くない。大学訪問や他の場所へ研修に行く際に、ターミナル駅が最寄りの学校は便利だということもある。便利な立地だと、卒業生が気軽に訪ねやすいという長所もある。なお伝統校の場合は、都心に位置していても、校庭や緑などの基盤は備えていることが多い。前述の海城も一万三〇〇〇平米の校庭や緑がある。豊島岡女子学園の校庭は狭いが、埼玉県入間市にグラウンドを有している。桜蔭も、水道橋にあるキャンパスは広くはないが、西東京市ひばりが丘に広いグラウンドがある。

†大学実績と今後

第三章で記したが、今後大学評価は大きな変動期に入ると、筆者は考えている。前述してきたようにかつての早慶上智（理）、ＭＡＲＣＨという枠組みで固定化して大学を語ることができなくなっていくことは間違いない。中学入試での志望校選びの際には、大学の動向も少し追っておきたい。

ちなみに、大学入試や大学ランキングに関して、ビジネス誌や週刊誌の特集はあまりあてにならない。というのも、それらの雑誌は子育て世代よりかなり上の世代をメインターゲットに編集されていることが多いため、旧態依然とした大学評価軸で誌面を展開することが多いからだ。筆者は、そういった取材を受けるたびに、その姿勢にぶつかり続けている。それが「早慶上智（理）」「MARCH」という枠組みの寿命を延ばしている。

これからは私立中高一貫校が高大連携を続々と締結するので、どういう大学と連携するのか、連携内容は何かという観点での調べ方がよいと思う。

少なくとも高大連携を推進する大学は「動いている」「変化している」大学であり、中身も変えていこうとしている大学だから、その変化を調べる価値があるだろう。大学の中身がわかるほど、前述のような旧態依然とした枠組みが陳腐化する。

特に二〇二三年以降は、女子校を中心に理系志向が急速に高まっている。ただし、かつてのような理系ではなく、裾野を広げた「文理融合」型の理系である。理工系大学と、MARCHの理系学部を比較した場合、施設や教育課程において、前者が優れていることに気がつくだろう。実際、就職率も理工系大学は悪くはない、というよりむしろ良い。大学名を知っているかどうかという枠組みで大学を評価する時代は終わったのである。

中学受験に話を戻すと、大学合格実績をこれ見よがしに強調して宣伝する私学も考えものである。筆者の見るところ、よい私学は説明会で、最近の進学傾向の話は当然するのだが、難関大学合格の実績をことさら強調しない。難関校は特にそうだ。麻布、開成、武蔵、桜蔭、女子学院、雙葉など、大学合格実績に関してのデータは提示するが、細かい解説はそれほどしないように思う。

また最近は、海外大学の合格実績を強調している（学校によるが）。海外大学は入試方法が国内の大学とは異なるため、じつは一人で複数の合格が出やすい。海外進学を視野に入れている保護者ならば、「（海外の大学へ）進学した人数」を確認するべきだろう。そして、よく知られているように、海外大学は入学後のほうが厳しいので、卒業できたかどうかが本当のポイントである。男子難関校の武蔵が「合格実績は意味がない、大事なのは進学実績だ」ということで、長年進学実績の公表を行っているのは、信念があってとてもよいと筆者は思う。

†学校までの距離、通学時間の問題

首都圏（一都三県）には二九七の私学があり、入試の回数も一二六九ある（二〇二三年四月時点）。首都圏の中学受験生一人当たりの平均的な併願校数は約五校。では、どの範囲（距離）で志望校を選ぶか。筆者は保護者会や講演会で、できれば家を出てから学校到着までに一時間を目安にして探して欲しいと話す（高校なら一時間半程度まで許容できるが）。公立中高だと地域に縛られざるをえないが、私学は受験生の住んでいる場所、状況によってもかなり異なるので、以下で少し分類する。

① 始発で行ける

郊外に住んでいたとしても、始発駅に住んでいるならば座って行けるので楽だ。例えば、小田原に住んでいれば、小田急の始発で座っていける（帰りは座れないが）。さらに、小田原は、JR在来線も新幹線も使えるため、都心に通っている生徒はいる。

② 乗り換えなしで行ける

乗り換えなしで通学できれば、通学時間が長くてもストレスは少ない。特に、始発かそれに近い状態で、途中まででも空いているなら気持ちに余裕ができる。三回乗り換えて四〇分ならば乗り換えなしで五〇分の方が楽だと、筆者は保護者会でよく話す。

③ 駅まで遠い

トータルで一時間以内だったとしても、駅までバスで一〇分以上かかるなら、乗り換えは一回程度でないとやや厳しいだろう。乗り換えやバスはロスタイムが多く、階段の上り下りがあったり遅延による乗り遅れの心配など、ストレスがかかりやすい。

④ 最寄りの路線が混んでいる

一時期よりも首都圏の混雑も緩和されてきたが、コロナ禍以降また混んできた。通学時間はラッシュ時間より前であっても、混み合う路線はすでに混んでいる。通学時間は、一時間より四五分くらいで考えた方がよいだろう。

ただし、自分の生活圏とは別の私学に通うと、いくつか利点もある。友人の幅が広がるということだ。交通事情がよい私学には、周辺のあちこちから通学している人が多い。やや大げさな言葉でいうと、「異文化コミュニケーション」を体験できる。移動距離が長いということは、それだけ広い世界を見ているともいえる。つまり、遠方でも交通事情のよい私学に行くと、子どもの視点が広がり、それは子どもの活動性につながるのだ。これからは、高大連携によって中学三年くらいから、大学のオープンキャンパス、大学訪問など

2023年度　都内私立中学校の初年度納付金の状況・各費目の平均額

	授業料	入学金	施設費	その他	初年度納付金（総額）	＜参考＞検定料
2023年度(a)	492,209円	263,020円	34,137円	199,759円	989,125円	23,897円
2022年度(b)	486,976円	261,174円	35,642円	194,628円	978,420円	23,627円
差額(c)(a－b)	5,233円	1,846円	－1,505円	5,131円	10,705円	270円

＊東京都 HP より　生活文化局私学部私学行政課　2022年12月７日報道発表資料

がますます活発になる。あるいは、大使館訪問、ミュージアム見学、観劇などの教育プログラムにも便利なのだ。

†じつは一番気になる学費の問題

上に示した表は、東京都生活文化局私学部私学行政課が毎年まとめる私立中の学費平均値である。

私立中学に入学すると、まず「入学金」「授業料」「施設費」「その他」を支払うことになる。この「その他」とは、学則で定められた変動しないもの。この四項目以外に業者に納める副教材費や、修学旅行の積立金など、状況により変動する費用があるので、実際はこの表の初年度金額より各校とも高くなる。

たとえば、頌栄女子学院中学校・高等学校が学

頌栄女子学院（東京）

中１		高１	
合計：	1,393,469 円	合計：	1,196,800 円
入学金：	450,000 円	入学金：	420,000 円
授業料：	396,000 円	授業料：	432,000 円
施設費：	148,800 円	施設費等：	148,800 円
その他：	398,669 円	その他：	196,000 円
中２		高２	
合計：	679,800 円	合計：	635,800 円
授業料：	396,000 円	授業料：	432,000 円
施設費：	148,800 円	施設費等：	148,800 円
その他：	135,000 円	その他：	55,000 円
中３		高３	
合計：	673,800 円	合計：	615,800 円
授業料：	396,000 円	授業料：	432,000 円
施設費等：	148,800 円	施設費等：	148,800 円
その他：	129,000 円	その他：	35,000 円
中学３年間	2,747,069 円	高校３年間	2,448,400 円
６年間の学費の目安（2023年・概算）合計			5,195,469 円

＊頌栄女子学院の場合、施設費は「教育充実費」の名称。
「共通アンケート」にもとづき作成

習塾等に公表している資料を見てみよう。

「施設費（同校の場合は「教育充実費」）」は学則に定められたもので、「その他」は学則で定められている納付金以外の金額で、両方を合算し、実際の負担に近づけている。

頌栄女子学院は、標準的かやや安い学費といえる。六年間の総額で五〇〇万円前後、一年だと八六、八七万円だから、月々に延べれば七万円強ということになる。なお、徴収回数は各校で異なる。大学系私学は学費が高い場合も多く、年間の授業料だけで八〇万円以上となる場合もある（慶應義塾中等部、早稲田大学高等学院中学部など）。

なお公立中高一貫校であっても、まったくの無償ではない。中学は義務教育なので授業料不要だが、たとえば都立小石川中等は入学時に制服代等で約一二万円、前期課程（中学）三年間で給食費も含めて約一一二万円、後期課程（高校）三年間で授業料含めて約七五万円かかる（二〇二三年現在）。当然ながら、公立なので総額は私学より安くはなるが、教材費、校外活動費、給食費、生徒会費、ＰＴＡ費、研修費などの出費を忘れてはいけない。

そして、公立一貫校はやはり公立。先生は異動する。卒業後に母校を訪れても親しかった先生がいないことがしばしば。卒業後もつながり続ける私学とは大きく違う。そこに価値を見出すかどうかは保護者の判断だろう。

2　塾による違いはあるか

†大手塾

中学受験を志してから合格にたどり着くまでには、いくつかの方法がある。この方法は常に変化しているので、以下は、本書執筆時点である。また、筆者は日能研に所属しているので、大手塾の話は主に日能研の例になることをご留意いただきたい（ちなみに、日能研には本部とは別にグループ会社があるが、ここでは本部）。そして、どの場合にもメリットとデメリットがあるので、見学したり体験コースを申し込んだりして、子どもに一番合ったものを見つけて欲しい。

大手塾の中でも中学受験専門なのは、日能研、四谷大塚。また、サピックスと早稲田アカデミーは高校受験部門などもあるが、中学受験は独自性が高いので、大手塾に通うという場合は、おそらくこの四つの中から選ぶ形となる。

各塾の特徴はいろいろとあるが、少なからずの保護者は「合格実績」と「自宅からの近さ」で選択するのではないだろうか。一度入塾したら、別の塾に移るというのは決断がいる（まあ保護者の個人差もあるが）。よほどの不満がなければ、一度入った塾をそのまま続けるケースが多いだろう。大手塾のメリット・デメリットを見てみよう。

日能研、四谷大塚、サピックスは自前で公開模試を実施している関係上、合否データを有している。入試に対応して自前でテキストも作成しているために、合格までの一貫した指導体制を築いており、システムとしての強さを有している。また、入試情報や学校の情報を集める専門スタッフもいるので、リアルな現状をその塾全体が共有している。

各塾とも首都圏全体の情報を網羅しているが、筆者の属する日能研は神奈川が本部のため、神奈川・湘南地域の情報に強い、四谷大塚は本部が中野のため東京に強いという側面が、わずかにある（いや、あったというべきか）。また、サピックスは難関校情報に特化していたこともあったが、生徒数の増大もあり、こちらも難関校に限らず、中堅校に至るまで中学受験の全体情報を網羅するようになっている。

難関校合格者数については、塾選びの際にやはり気になるところ。けれど、各教室ごとの合格者数は移ろいやすいものなので、それだけで判断するのはあまり推奨できない。目指そうと思っている中学に、その塾グループ全体で複数の合格者がいれば、それほど心配することはないだろう。少なくともその私学に合格できた「証拠」さえあればよい。もっとも各塾とも難関校の合格者数確保に鎬《しのぎ》を削っているという側面は多分にあるのだが、そもそも、私学の入試問題は国語・算数・社会・理科ともに、多くの学校に共通する部分が少なくない。そのため、まずはすべての受験に対応できる汎用性を身につけた上で、小学校六年生の二学期から、志望校の過去問対策に取り組むのが一般的だ。早い段階での各校別対策はまったく無意味。

大手の塾はどこも、主要な中学の過去問分析を行い、対策を講じているので、基本的には、そのノウハウを有している。また公立中高一貫校の適性検査も、記述重視の私学の入試と強い相関性があるので、大手の塾に入ったならば、公立中高一貫校の専門塾に通う必要はまったくないだろう。

その教室が子どもに合うか合わないか、家庭の考え方に合うかどうかという相性が塾を決める際のポイントである。たとえば、学習塾スタッフと子どもの関係性だ。

†日能研の教室運営例

教室のスタッフや責任者、教室の雰囲気が気になって、すでに入試を終えた卒塾生の保護者から情報収集する保護者もいると思う。だが、大手塾は一定のタイミングで異動があるので、入塾した際のスタッフがずっといるとは限らない。ただし、いきなり全スタッフが異動してしまうことは少ない。その教室の生徒のことを知っている人がいなくなると、成績管理や合格づくりに影響が出てしまうからだ。

さて、スタッフと子どもの関係性について話を戻す。各塾の時間割づくり、教室のつくりから、塾の個性はよくわかる。筆者が属する日能研は、スタッフの席がある事務室と生徒とを隔てるカウンターはなく、私学のラーニングコモンズのような空間を用意している。学習エンカウンタースペース（GES）と呼ぶ。ここでは、授業と授業の合間の休み時間に、子どもたちが講師をつかまえて、質問や会話している姿をよく見る。中学に進学しても、先生と近い距離で学び合いができるよう、その準備を意図している。一方、塾によってはそもそも授業と授業の合間の休み時間はなく、物理的に授業と授業の間に先生のそばに行って個別の質問はできないこともある。

課題の量と保護者がどの程度、その課題に関わることになるかも塾によって異なる。日能研は、子どもの自立を促すことを大事にしているので、保護者が課題の面倒を見なくてはいけないということは、原則としてはない（保護者の方針で、みっちり見ている場合はあろうが)。最近の中学受験生の家庭は共働きが圧倒的に多いことは共通しているが、日能研の生徒は、両親が忙しく働いているケースが比較的多い。

†小規模塾

大手塾は人事異動があるが、一つかもしくは二~三の教室しかない小規模塾は、先生の異動もないため、塾の説明を聞きスタッフが気に入ったなら、個別塾を選択するケースもある。けれど、費用的に小規模塾が安いとは限らない。高校受験の場合は、数学と英語の二教科の担当がいれば塾をつくることができなくはないが、中学受験は国語・算数・社会・理科の四教科の担当が必要なので、塾を立ち上げる人的資本が必要となる。小規模塾の場合、自力で教材作成を行うことも費用面などで難しいために、すでにある外部の教材を全面的もしくは部分的に使用することが多い。

中学受験は私立が中心で入試要項や入試日程、そして教育内容も目まぐるしく変化するため、最新の情報が重要となる。変化する入試のトレンドを知る情報が必要なのだが、小規模塾は、最新情報の点が弱点だと言える。ただし地域に密着して、近隣の情報には長けた小規模塾や、熱心なスタッフなり責任者が能動的によく調べているケースはよくある。

小規模塾は大手塾以上に、スタッフがポイントとなるので、よくよく話をしてみるとよいだろう。

なお、小規模塾でも公開模試は、日能研なり四谷大塚なり首都圏模試なりといったテストを利用していることが少なくない。

†個別指導・家庭教師

個別指導は生徒が一人か、複数だとしても二～三人の生徒に対して講師一人というパターン。大手塾でも個別指導を併用していたり、組み合わせる場合がある。個別指導も家庭教師も、子どもの状況に合わせて進み方などを調整してくれるメリットがある。その一方、特に生徒一人の場合は、他の子どもがどのような反応をするかなど、「目に見えない学び」ができなくなるという弱点がある。仲間を見て、「そういう考え方もあるのか」とか「やはりここは間違えやすいんだな」などと学ぶことはとても多い。

また、複数の講師が一人の生徒の対応をする場合もあるが、いずれにしても人間関係は集団塾より心理的にも近くなるため、相性のよし悪しが学習効果への影響に直結しやすい。また、集団塾よりも費用もかさむことが多い。

小規模塾と同様、それほど入試情報に明るいわけでないこともある。大手の公開模試を子どもに受けてもらい、そこからも入試情報、難易度情報を入手するというパターンだ。

†通信教育

コロナ禍で、保護者のテレワークが加速したこともあって、最近は子どもの中学受験を自宅で準備するというケースも多くなった。Z会などのプランを利用して中学受験を乗り切るわけだ。実力テストも通信講座のプランに含まれているため、大手の公開模試にも参加しないケースがある。

二〇二三年入試は首都圏の中学受験者数約六万六五〇〇名と、前年の約六万二四〇〇名から約四〇〇〇名も激増した。大体、前年の四大模試の数字を足し合わせると、次年度の入試の規模がわかる。その足し合わせた数値からも二〇二三年入試は微増することは予想されたが、約四〇〇〇名も増加したのは想定を大きく超えていた。私学の先生への聞き込みやその他の調査から、二〇二三年の受験生増加は、おそらく通信教育で対策していたのだろうという結論に行きついたのだった。

通信教育は自分の好きな時間に勉強できること、移動の時間が短縮できること、個別指導や家庭教師と同様にペースの調整ができることなどのメリットがある。いくつかの弱点がある。まずは保護者の負担が大きいこと。自宅で子どもにかかりっきりでいることをストレスと感じない保護者と受験生はいいだろうが、そうでないならばやはり通塾した方がよいのではないか。「子どもの学習マネジメント」という保護者もいて、まるで会社のような管理を子どもに強いたものの、まったく成果が上がらなかったというケースもいくつか聞いた（子どもは部下ではない）。

そしてリアルな情報が欠如しがちだということもある。例えば、二〇二三年入試では校名変更・共学化した芝国際の午後入試が、当初予定されていた発表時間の二三時を大幅に超過したことで大混乱したというニュースをご存じだろうか。これに憤慨した保護者と受験生も多かった。その上不合格だったので、翌日以降の併願パターンを組み直さないといけなかったという声もあった。

ただ、じつは合格発表の時間がずれ込むこと自体はそれほど珍しいことではない。新設校の入試で、なおかつ突然人気が高くなったこと、さらに午後入試ということで、合格発表時間がずれる可能性は当初から予想できたことだった。その結果にかかわらず、翌日以降の併願パターンを複数用意しておくことは、大手塾なら完全に想定の範囲内だ。今回、そのような「リアル」な情報を入手しづらい環境にあったご家庭が多かったようだ。

もう一つ、ハイブリッド型というべき入試対策をとるパターンも。「大規模塾プラス個別指導」「通信教育プラス家庭教師」などといった組み合わせである。これは保護者が、中学受験で必要な学力と情報を使いこなす運用力は必要となるだろう。複数の手段を使う場合は、子どものスケジュールが過密になりがちなので、その整理も必要となる。

ちくま新書
1764

中学受験《ちゅうがくじゅけん》で大好《だいす》きな学校《がっこう》に入《はい》ろう

二〇二三年一二月一〇日　第一刷発行

著者　井上修（いのうえ・おさむ）

発行者　喜入冬子

発行所　株式会社　筑摩書房
東京都台東区蔵前二-五-三　郵便番号一一一-八七五五
電話番号〇三-五六八七-二六〇一（代表）

装幀者　間村俊一

印刷・製本　三松堂印刷　株式会社

ISBN978-4-480-07588-8 C0237

ちくま新書

399
教えることの復権
大村はま
苅谷剛彦・夏子
詰め込みかゆとり教育か。今再びこの国の教育が揺れている。教室と授業に賭けた一教師の息の長い仕事を通して、もう一度正面から「教えること」を考え直す。

1014
学力幻想
小玉重夫
日本の教育はなぜ失敗をくり返すのか。その背景には、子ども中心主義とポピュリズムの罠がある。学力をめぐる誤った思い込みを抉り出し、教育再生への道筋を示す。

1026
ユダヤ人の教養
――グローバリズム教育の三千年
大澤武男
グローバルに活躍するユダヤ人。ノーベル賞受賞、世界企業の創業、医師や弁護士……。輝かしい業績を生む彼らの教養・教育への姿勢と実践を苦難の歴史に探る！

1041
子どもが伸びる ほめる子育て
――データと実例が教えるツボ
太田肇
「ほめて育てる」のは意外と難しい。間違えると逆効果。どうしたら力を伸ばせるのか？ データと実例で「ほめ方」を解説し、無気力な子供を変える育て方を伝授！

1174
「超」進学校 開成・灘の卒業生
――その教育は仕事に活きるか
濱中淳子
東西の超進学校、開成と灘に実施した卒業生調査。中高時代の生活や悩みから現在の職業、年収まで詳細に分析。そこから日本の教育と社会の実相を逆照射する。

1180
家庭という学校
外山滋比古
親こそ最高の教師である。子供が誰でも持つ天才的能力をつなぎとめるには、親が家庭で上手に教育するしかない。誇りを持って、愛情をこめて子を導く教育術の真髄。

1212
高大接続改革
――変わる入試と教育システム
山内太地
本間正人
2020年度から大学入試が激変する。アクティブラーニング（AL）を前提とした高大接続の一環。では、ALとは何か、私たち親や教師はどう対応したらよいか？

ちくま新書

1239 知のスクランブル
――文理的思考の挑戦
日本大学文理学部 編
文系・理系をあわせ持つ、文理学部の研究者たちが結集。18名の研究紹介から、領域横断的な「知」の可能性が見えてくる。執筆者：永井均、古川隆久、広田照幸ほか。

1337 暴走する能力主義
――教育と現代社会の病理
中村高康
大学進学が一般化し、いま、学歴の正当性が問われている。〈能力〉のあり方が揺らぐ現代を分析し、私たちが生きる社会とは何なのか、その構造をくっきりと描く。

1339 オカルト化する日本の教育
――江戸しぐさと親学にひそむナショナリズム
原田実
偽史・疑似科学にもとづく教育論が、教育行政に影響を与えている。欺瞞に満ちた教えはなぜ蔓延したのか。嘘がばれているのに、まかり通る背景には何があるのか。

1354 国語教育の危機
――大学入学共通テストと新学習指導要領
紅野謙介
二〇二一年より導入される大学入学共通テスト。高校国語教科書の編集に携わってきた著者が、そのプレテスト問題を分析し、看過できない内容にメスを入れる。

1386 大学の未来地図
――「知識集約型社会」を創る
五神真
高等教育機関たる大学は知の集積拠点である。価値創造の上でも力を発揮する大学は、日本の未来にとっても重要な役割を果たす。その可能性を説く新時代の大学論！

1451 大学改革の迷走
佐藤郁哉
シラバス、PDCA、KPI……。大学改革にまつわる政策は理不尽、理解不能なものばかり。なぜそういった改革案が続くのか？ その複雑な構造をひもとく。

1455 ことばの教育を問いなおす
――国語・英語の現在と未来
鳥飼玖美子
苅谷夏子
苅谷剛彦
大学入学共通テストへの記述問題・民間試験導入などで揺れ動く国語教育・英語教育。ことばの教育はどうあるべきなのか、3人の専門家がリレー形式で思考する。

ちくま新書

1468 国語教育　混迷する改革　紅野謙介
実用文と複数資料を扱う「大学入学共通テスト」の構造的欠陥とは。論理と文学を切り分けた「新学習指導要領」の行方は。歪められつつある国語教育の未来形を考える。

1473 危機に立つ東大――入試制度改革をめぐる葛藤と迷走　石井洋二郎
秋季入学構想の加速、英語民間試験をめぐる問題……日本のリーディング大学で何が起こっていたのか？　改革の経緯を見直し、大学のあるべき姿を提示する。

1511 学力格差を克服する　志水宏吉
学力格差の実態はどうなっているのか？　それを克服するにはどうすればよいのか？「学力保障」の考え方や学校の取り組みなどを紹介し、解決に向け考察する。

1549 日本の教育はダメじゃない――国際比較データで問いなおす　小松光　ジェルミー・ラプリー
「いじめや不登校」「ゆとり教育の失敗」……日本の教育への数々の批判は本当なのか？　気鋭の2人が国際比較データを駆使して教育問題に新たな視点を提供する。

1571 デジタルで変わる子どもたち――学習・言語能力の現在と未来　バトラー後藤裕子
スマホ、SNS、動画、ICT教育……デジタル技術の発展で急速に変化する子どもの学習環境。最新研究をもとにデジタル時代の学びと言語能力について考察する。

1605 入試改革はなぜ狂って見えるか　物江潤
総合学習、多面的評価、高大接続……。教育や入試の改革はなぜいつも見当違いばかりなのか。理想と現実のはざまで混乱する議論に惑わされないための視点とは。

1645 ルポ 名門校――「進学校」との違いは何か？　おおたとしまさ
進学校と名門校は何が違うのか？　旧制中学、藩校、女学校出身の伝統校から戦後生まれの新興校まで全国30校を取材。名門校に棲む「家付き酵母」の正体に迫る。

1708
ルポ 大学崩壊
田中圭太郎
教職員に罵声を浴びせて退職強要。寮に住む学生45人を提訴。突然の総長解任。パワハラ捏造。全国の大学で起きた信じ難い事件を取材し、大学崩壊の背景を探る。

1288
これからの日本、これからの教育
前川喜平
寺脇研
二人の元文部官僚が「加計学園」問題を再検証し、生涯学習やゆとり教育、高校無償化、夜間中学など一連の改革をめぐってとことん語り合う、希望の書！

1289
ノーベル賞の舞台裏
共同通信ロンドン支局取材班編
人種・国籍を超えた人類への貢献というノーベルの理想、しかし現実は。名誉欲や政治利用など、世界最高の権威ある賞の舞台裏を、多くの証言と資料で明らかに。

1321
「気づく」とはどういうことか
――こころと神経の科学
山鳥重
「なんで気づかなかったの」など、何気なく使われるこの言葉を手掛かりにこころの不思議に迫っていく。注意力が足りない、集中できないとお悩みの方に効く一冊。

1333-5
格差社会を生き抜く読書
【シリーズ ケアを考える】
佐藤優
池上和子
波瀾万丈な人生を歩んできた佐藤氏と、貧困の現実に詳しい臨床心理士の池上氏が、格差社会のリアルを語る。危機の時代を生き抜くための読書案内。

1371
アンダークラス
――新たな下層階級の出現
橋本健二
就業人口の15％が平均年収186万円。この階級の人々はどのように生きているのか？ 若年・中年、女性、高齢者とケースにあわせ、その実態を明らかにする。

1402
感情の正体
――発達心理学で気持ちをマネジメントする
渡辺弥生
わき起こる怒り、悲しみ、屈辱感、後悔……。悪感情に翻弄されないためにどうすればいいか。友情や公共心を育み、勉強や仕事の能率を上げる最新の研究成果とは。

ちくま新書

1422
教育格差
——階層・地域・学歴
松岡亮二
親の学歴や居住地域など「生まれ」によって、子どもの学歴・未来は大きく変わる。本書は、就学前から高校まで教育格差を緻密に検証し、採るべき対策を提案する。

1436
教え学ぶ技術
——問いをいかに編集するのか
苅谷剛彦
石澤麻子
オックスフォード大学の教育法がここに再現！　論理をいかに構築するのか？　問いはどうすれば磨かれるのか？　先生と学生との対話からその技術を摑み取れ。

1490
保育園に通えない子どもたち
——「無園児」という闇
可知悠子
保育園にも幼稚園にも通えない「無園児」の家庭に潜む闇を、丹念な研究と取材で明らかにした問題作。NPO法人フローレンス代表、駒崎弘樹氏との対談も収録。

1611
「ひきこもり」から考える
——〈聴く〉から始める支援論
石川良子
葛藤を言葉にできない「語れなさ」を抱えて立ちすくむ「ひきこもり」。その支援の本質は当事者の声を〈聴く〉ことにある。読むとなぜかホッとする支援論。

1621
ひきこもりの真実
——就労より自立より大切なこと
林恭子
「家族と同居する中年男性」ばかりじゃない！　8050問題の陰に隠れた、女性や性的少数者、困窮の実態に迫る。そして、家族や支援者に伝えたい本音とは——。

1756
ルポ　高学歴発達障害
姫野桂
エリートなのに仕事ができない——理解が得られにくい不条理に自身も発達障害者であるライターが、当事者、大学教員、精神科医、支援団体への取材を通じて迫る。

339
「わかる」とはどういうことか
——認識の脳科学
山鳥重
人はどんなときに「あ、わかった」「わけがわからない」などと感じるのか。そのとき脳では何が起こっているのだろう。認識と思考の仕組みを説き明す刺激的な試み。

ちくま新書

1644 こんなに変わった理科教科書 左巻健男

えっ、いまは習わないの？　かいちゅうと十二指腸虫の写真入り解説、有精卵の成長観察、解剖実験などはなぜ消えたのか。戦後日本の教育を理科教科書で振り返る。

1689 理数探究の考え方 石浦章一

高校の新科目「理数探究」では何を学ぶのか。数学の確率的思考、理科の実験のデザイン方法など、自らどう学びどうアウトプットするかを事例豊富に案内します。

1134 大人のＡＤＨＤ ——もっとも身近な発達障害 岩波明

近年「ＡＤＨＤ（注意欠如多動性障害）」と診断される大人が増えている。本書は、症状、診断・治療方法、他の精神疾患との関連などをわかりやすく解説する。

1667 子どもに学ぶ言葉の認知科学 広瀬友紀

ヘンテコな答えや言葉遣いには、ちゃんと意味がある。子どもの、あるいは人間一般の心の働き、認知のしくみ、言葉の法則や性質について、楽しく学べる一冊。

1686 聞く技術　聞いてもらう技術 東畑開人

「聞かれることで、ひとは変わる」。人気カウンセラーが教える、コミュニケーションの基本にして奥義。読んですぐに実践できる、革新的な一冊。

1699 親は選べないが人生は選べる 高橋和巳

どんな人も、生まれる環境や親は選べないが、そこから自分の人生を自由に選ぶことはできる。カウンセリング経験豊かな精神科医が「親との別れ方」を指南する。

1760 「家庭」の誕生 ——理想と現実の歴史を追う 本多真隆

イエ、家族、夫婦、ホーム……。様々な呼び方をされるそれらをめぐる錯綜する議論を追うことで、これまで語られなかった近現代日本の一面に光をあてる。